浙江数字化发展与治理研究中心、浙江省数字化改革研究智库联盟
学术支持

数字化改革研究系列丛书

DIGITALLY EMPOWERED URBAN
PUBLIC SERVICES

DIGITAL CITIZENS' INTELLIGENT LIFE

数字赋能
城市公共服务

"数字市民"智惠生活

杨武剑　王求真　陈观林◎著

ZHEJIANG UNIVERSITY PRESS
浙江大学出版社
·杭州·

图书在版编目（CIP）数据

数字赋能城市公共服务："数字市民"智惠生活 /
杨武剑, 王求真, 陈观林著. -- 杭州：浙江大学出版社,
2023.11
ISBN 978-7-308-24125-0

Ⅰ. ①数… Ⅱ. ①杨… ②王… ③陈… Ⅲ. ①数字技
术—应用—城市—公共服务—中国 Ⅳ. ①D669.3-39

中国国家版本馆CIP数据核字（2023）第160059号

数字赋能城市公共服务："数字市民"智惠生活

杨武剑　王求真　陈观林　著

责任编辑	陈佩钰
文字编辑	葛　超
责任校对	许艺涛
封面设计	雷建军
出版发行	浙江大学出版社
	（杭州天目山路148号　　邮政编码：310007）
	（网址：http://www.zjupress.com）
排　　版	浙江大千时代文化传媒有限公司
印　　刷	杭州捷派印务有限公司
开　　本	710mm×1000mm　1/16
印　　张	13
字　　数	153千
版 印 次	2023年11月第1版　2023年11月第1次印刷
书　　号	ISBN 978-7-308-24125-0
定　　价	79.00元

丛书序

数字化改革是数字浙江建设的新阶段，是数字化转型的一次新跃迁，是浙江立足新发展阶段、贯彻新发展理念、构建新发展格局的重大战略举措。数字化改革本质在于改革，即以数字赋能为手段、以制度重塑为导向、以构建数字领导力为重点，树立数字思维，增强改革意识，运用系统方法，撬动各方面各领域的改革，探索建立新的体制机制，加快推进省域治理体系和治理能力现代化。

浙江历来是改革的先行地，一直以来不断通过改革破除经济社会的体制机制障碍，打破思想桎梏，激发经济社会发展的活力。进入新发展阶段以来，浙江聚焦国家所需、浙江所能、群众所盼、未来所向，按照"一年出成果、两年大变样、五年新飞跃"的总体时间表，体系化、规范化推进数字化改革，以"三张清单"找准重大需求，谋划多跨场景，推进制度重塑，在现代化的跑道上推动共同富裕示范区建设，逐渐形成与数字变革时代相适应的生产方式、生活方式、治理方式。在"两年大变样"即将完成之际，急需社科界深入挖掘浙江数字化改革潜力，牵引全面深化改革取得开创性成效，总结数字化改革浙江经验，提炼数字化改革理论方法，寻找具有普遍性和规律性的内在动因机制。

按照构建智库大成集智工作机制的理念思路，浙江省社会科学界联合会指导并组建以浙江数字化发展与治理研究中心为牵头单位，杭州电子科技大学浙江省信息化发展研究院等 21 家单位共同参与的浙江省数字化改革研究智库联盟（以下简称"联盟"），全面开展数字化改革研究，为浙江省数字化改革提供理论支撑和智力支持。自 2021 年 8 月成立以来，联盟一方面不断壮大规模，全面构建高水平研究团队，积极为浙江省委、省政府乃至国家建言献策；另一方面深化资源共享，创新多元化合作研究机制，构建浙江数字化改革实践创新案例数据库平台，打造展示浙江数字化改革的"重要窗口"。联盟连续发布了《浙江省数字化改革实践创新报告（2021）》《数字化需求测评报告》等系列品牌成果，其理论成果《关于数字化改革理论内涵的解读》入选 2022 年浙江省数字化改革"最响话语"。

党的二十大报告指出，要"以中国式现代化全面推进中华民族伟大复兴"，"扎实推进共同富裕"。浙江省第十五次党代会提出，"在高质量发展中奋力推进中国特色社会主义共同富裕先行和省域现代化先行"。数字化改革作为全面深化改革的总抓手，是实现现代化先行和共同富裕示范的"船"和"桥"，为扎实推进"两个先行"提供根本动力。站在新的历史起点，聚焦书写数字化改革浙江样本，高水平推进数字化改革，打造数字变革高地，浙江数字化发展与治理研究中心组织联盟成员单位，深入开展调查研究，剖析数字化改革实践案例，进行数字化改革理论创新，推动数字化改革探索和实践上升为理论成果，形成了数字化改革研究丛书。本丛书提炼数字化改革智慧、传播数字化改革经验、唱响数字化改革之声，旨在为经济社会高质量发展和治理体系、治理能力现代化提供智力支持。

作为智库联盟的大成集智产品，希望本丛书的出版能够起到抛砖引玉的作用，带动国内数字化改革、中国式现代化等领域研究的持续发展，也希望以本丛书为纽带，在无边界的研究群落中为更多的学者架起沟通、互动、争鸣、协同的桥梁。

郭华巍

浙江省社科联党组书记、副主席

2022年11月于杭州

前 言

人民对美好生活的向往，就是我们的奋斗目标。[①]习近平总书记在2020年3月考察杭州城市大脑运营指挥中心时指出，运用大数据、云计算、区块链、人工智能等前沿技术推动城市管理手段、管理模式、管理理念创新，从数字化到智能化再到智慧化，让城市更聪明一些、更智慧一些，是推动城市治理体系和治理能力现代化的必由之路，前景广阔。[②]通过数字化手段，可以实现城市的高质量发展，让居住在城市中的人们能够享受到更便利的生活、更精细的服务、更宜居的环境、更智慧的交通以及更贴心的医疗等。然而，要实现这样的便捷智慧生活，离不开城市公共服务的有效支撑。在这一过程中，政府扮演着重要角色，而事实上，我国政府早已将"公共服务"列入其职能范围。

---

① 习近平：人民对美好生活的向往就是我们的奋斗目标.（2012-11-16）［2023-04-18］.http://jhsjk.people.cn/article/19596022.
② 习近平在浙江考察时强调 统筹推进疫情防控和经济社会发展工作 奋力实现今年经济社会发展目标任务.（2020-04-01）［2023-04-18］.http://jhsjk.people.cn/article/31657786.

　　“十四五”规划明确提出，要加快转变城市发展方式，实施城市更新行动，统筹安排城市建设、产业发展、生态涵养、基础设施和公共服务，运用数字技术推动城市管理手段、管理模式、管理理念的创新，以精准高效满足群众需求。数字技术已成为城市公共服务改革升级的重要推动力以及引领创新城市发展方向的新兴趋势。运用数字技术优化城市公共服务，增强公共服务的均衡性和可及性，提升市民的幸福感和获得感，是我们面临的一项重要任务。

　　在数字时代，数字政府、数字经济、数字社会和数字文化等直接影响着城市的运行，同时也直观地反映了城市的繁荣程度。城市公共服务具有系统性、复杂性和包容性的特征，其最终受益主体是城市市民。城市公共服务的质量能够体现一个城市的治理能力和治理水平。通过提供高质量的城市公共服务，以人为本地消除市民在空间层面和群体层面的隔离，实现人民群众对基本公共服务的均等享有，是提升城市社会包容性和凝聚力的必要途径。

　　“数字市民”是数字治理重心从上层宏观的城市治理、社会治理、经济服务等转向基层微观的满足市民公共服务需求的重要体现，也是自下而上打通现代化城市建设末端“神经元”的必然趋势和实现城市数字化的有效途径。通过全景化采集城市市民个人数据，“数字市民”能够实时、动态、全方位地对城市市民进行数字映射，赋予其数字身份，使市民能够更好地体验城市公共服务和数字生活。“数字市民”以市民为中心，致力于满足市民多样化的公共服务需求，不断提高市民的生活质量，增强市民的幸福感和获得感。在城市中，它打造了智能化、全方位、全周期的城市公共服务场景，为市民构建了一个数字化的生活空间。通过智慧化的交通、教育、医疗等公共服务，"数字市民"为市民提供便捷的生活体验，推动了城市公共服务的均衡可持续发展，进一步提升了城市发展品质。同时，"数字市民"对于促进社会治理方式的现代化、数字化和智能化转型，实现城市发展全民共建共享也具有重要意义。

本书分为6章，旨在对"数字市民"进行综合性阐述，分析数字赋能如何带动城市公共服务优化升级。第1章从时代发展、理论指引、主体推动、能力升级等四个方面出发，指出"数字市民"的发展恰逢其时；第2章回顾了国内外对"数字市民""数字公民""数字原住民""数字移民""数字难民"等相关概念的研究现状，为后续构建"数字市民"理论框架奠定基础；第3章创新性地提出"数字市民"的理论框架，阐述了建设"数字市民"的重要意义，明确了"数字市民"的五大基本要素（数字身份、数字场景、数字素养、数字权利和数字安全）以及三大主要特征，从理论层面较完整地完成了对"数字市民"的体系化论述；第4章强调打造"数字市民"要以市民为受益主体、城市为空间载体、数字信任为底座支撑、城市公共服务为综合场景，以期实现城市公共服务价值；第5章从市民需求出发，以数字化应用场景或案例为对象，研究分析了"数字市民"的广泛应用及其产生的巨大社会价值；第6章展望未来"数字市民"建设，从政策保障、产业升级以及市民的数字素养提升等三方面入手提出建议，以促进"数字市民"的规范性建设。

本书的出版离不开大量相关人员的努力和付出。在编写过程中，浙大城市学院城市大脑研究院、超大规模时序图数据高性能智能计算中心以及"城市数字治理科教创新综合体"的支持，为本书的顺利完成提供了重要保障。本书是2021年国家教育部首批"新文科"研究与改革实践项目"'城市数字治理'人才培养的探索与实践"（编号：2021100048）的成果，也是国家自然科学基金面上项目"移动环境下隐私增强推送设置与用户隐私付费决策研究：基于认知神经科学方法"（编号：72071177）的成果，感谢教育部和国家自然科学基金委员会的认可与支持。

本书在撰写过程中得到了社会各界的支持与帮助。第一，感谢杭州市数据资源管理局与杭州市民卡管理有限公司的大力支持，其提供了大量数字化改革相关实践资料。第二，感谢研究团队助理研究员陈伟平、王亮以及博士生邢妍，他们在资料整理和本书的撰写方面做了大量协助工作。第三，感谢浙江大学出版社在编辑、排版、审校等方面作出的巨大贡献，为本书的内容和形式提供了全面的支持和保障。

城市创造美好生活，城市的发展内涵也在持续延伸。当前，我国社会的主要矛盾仍是人民日益增长的美好生活需要和不平衡不充分的发展之间的矛盾。本书立足现实，秉持以人为本、包容发展的理念，通过对"数字市民"的深入剖析，力求为推动城市公共服务均衡可持续发展、打造新时代城市特色风貌提供有益的借鉴和启示，共同迈向智慧美好的城市生活。需要说明的是，尽管著者在"数字市民"这一领域进行了一些研究，但关于"数字市民"的理论内涵，本书仍有不完善之处。对此，恳请广大读者和专家批评指正。

杨武剑
2023 年 4 月于杭州

目录

第1章

"数字市民"的发展机遇

近年来，数字化正以不可逆转的趋势重塑全球经济社会发展形态，数字赋能已经成为新一轮科技革命的普遍特征。城市数字化改变了城市公共服务的提供方式，让城市居民摇身一变成为"数字市民"。这些居民既是生活于有形城市空间的居住者，也是生活于无形城市中数字公共服务的体验者。当前，"数字市民"的发展需要各种契机，这些契机可以是时代的发展、理论的指引，也可以是主体的推动、能力的升级。

第一节　时代发展：从城市化到后疫情时代

一、"数字市民"是城市化发展的新产物

"城市化"（urbanization）一词最早可追溯至 1867 年，西班牙城市规

划师依勒德丰索·塞尔达在其著作《城市化概论》中首次提出这一术语，并大约于 20 世纪 70 年代传入中国。国外学者多使用"城市化"概念，是因为西方大规模的城市化进程是伴随着工业化发展的，大城市是支撑西方城市化和工业化的主要空间载体。[①] 在我国，城市化是一个多维的概念，它多被称为城镇化，其主旨在于突出城市化发展进程中中小城镇的作用，因为中小城镇是承载农村人口转移的主要区域。[②] 按照《城市规划基本术语标准》（GB/T 50280—98），城市化是指"人类生产和生活方式由乡村型向城市型转化的历史过程，表现为乡村人口向城市人口转化，以及城市不断发展和完善的过程。又称城镇化、都市化"。

城镇化是伴随工业化和现代化必然出现的社会发展趋势，18 世纪中叶出现的第一次工业革命开启了城镇化进程，推动着人类社会逐步实现由农业社会向工业社会、由农村时代向城市时代的转变。城镇化率或者城镇化水平，是衡量城镇化发展程度的数量指标，一般用一定地域内城市人口占总人口的比例来表示。根据纳瑟姆曲线定律，城镇化发展近似一条稍被拉平的 S 形曲线，大致可分为缓慢发展期（30% 以下）、快速发展期（30%—70%）、稳定发展期（70% 以上）三个阶段。改革开放以来，受经济快速发展的影响，我国城镇化水平大幅度提升。1978 年，我国城镇化率为 17.9%。国家统计局最新数据显示，2021 年末全国常住人口城镇化率为 64.72%，比 2020 年末提高 0.83 个百分点，[③] 已步入快速发展期（见图 1-1）。

---

① Karl T R, Diaz H F, Kukla G. Urbanization: Its detection and effect in the United States climate record, Journal of Climate, 1988（11）: 1099-1123.

② 祁先超. 城乡一体化的关键在于实现人的城镇化——以广东 W 市为例. 中国乡村发现, 2015（2）: 167-172.

③ 国家统计局. 中华人民共和国 2021 年国民经济和社会发展统计公报.（2022-02-28）[2022-08-10]. http://www.stats.gov.cn/tjsj/zxfb/202202/t20220227_1827960.html.

据联合国发布的相关研究报告预测，2030 年中国城镇化率将达 70%，2050
年约达 80%。

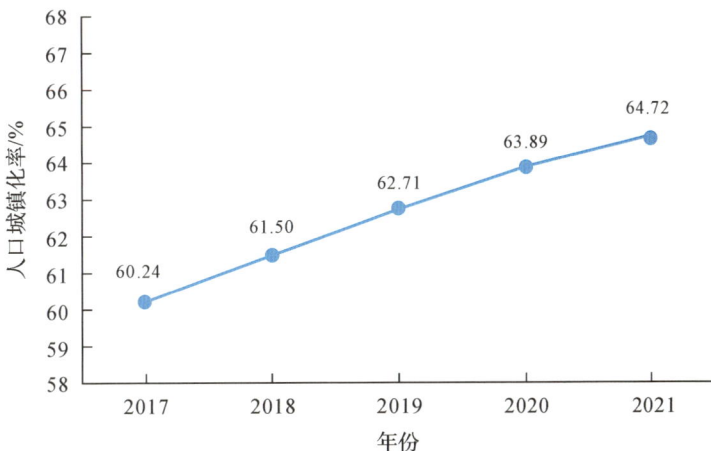

图1-1　2017—2021年末我国常住人口城镇化率

资料来源：国家统计局。

2021 年末，浙江省常住人口为 6540 万人，城镇化率为 72.7%，与 2020
年相比，上升 0.5 个百分点，其中由表 1-1 可以看出，杭州的城镇化率最高，
为 83.6%，宁波与温州的城镇化率不低于浙江省的整体水平。推进城镇化，
要更加注重以人为核心。[①] 随着城镇化进程的加快，新时代的城市发展模式
和功能作用将朝着智慧化、数字化、人本化的方向转变。在这个过程中，
浙江更加强调以人为核心的新型城镇化发展导向，进一步促进城镇人口规
模持续扩大、市民化水平不断提升。在这样的背景下，"数字市民"也就
应运而生，给人们带来更加便捷、高效的城市生活体验。

---

① 习近平 . 论把握新发展阶段、贯彻新发展理念、构建新发展格局 . 北京：中央文献出版社，2021.

表 1-1   2021 年浙江省年末常住人口数量及城镇化率

地　区	年末常住人口 / 万人	城镇化率 /%
全　省	6540	72.7
杭州市	1220.4	83.6
宁波市	954.4	78.4
温州市	964.5	72.8
嘉兴市	551.6	71.9
湖州市	340.7	66.0
绍兴市	533.7	71.5
金华市	712.0	68.7
衢州市	228.7	58.1
舟山市	116.5	72.2
台州市	666.1	62.6
丽水市	251.4	62.5

资料来源：2021 年浙江省人口主要数据公报。

二、"数字市民"是后疫情时代的新趋势

当今世界正经历着百年未有之大变局。自新冠疫情暴发以来，这场重大公共卫生事件给各国各领域带来了非常猛烈的外生性冲击，严重影响了城市以及城镇化进程，促使整体格局发生变迁。后疫情时代已然来临。一般而言，后疫情时代指的是新冠疫情得到有效控制后的一段时期。这一词最早出现在 2020 年 6 月。习近平主席同塔吉克斯坦总统拉赫蒙通电话时强

调，要着眼后疫情时代，尽早谋划经贸、投资、能源、互联互通、农业等重点领域合作，推动两国关系得到新发展。① 随后在以视频方式会见欧洲理事会主席米歇尔和欧盟委员会主席冯德莱恩时，习近平再次提出，"推动'后疫情时代'中欧关系更加稳健成熟"。②

　　中国的城镇化已经进入了一个非常关键的阶段，从以空间和规模扩张的总量导向转为功能提升和以人为本的内涵式发展。③ 当前，以互联网为支撑的数字生活已经彻底颠覆了人们以往的生活方式，全社会进入了一个全新的数字时代。以往一些不甚清晰的现象在后疫情时代显得格外刺眼，其中最具代表性的就是数字鸿沟问题。根据国家统计局发布的数据，截至2021 年末我国 60 岁及以上人口有 26736 万人，占全国人口的 18.9%，其中65 岁及以上人口有 20056 万人，占全国人口的 14.2%。④ 新冠疫情期间网购、网课、健康码等都依托智能手机和互联网，而老年群体中的很多人被排除在外。中国互联网络信息中心（CNNIC）第 49 次调查数据显示，截至2021 年 12 月，我国 60 岁及以上老年网民规模达 1.19 亿，互联网普及率达43.2%。老年群体与其他年龄群体共享信息化发展成果，能独立完成出示健康码 / 行程卡、购买生活用品和查找信息等网络活动的老年网民的比例已分别达 69.7%、52.1% 和 46.2%。⑤ 从数据可以看出，虽然老年群体的互联

---

① 习近平同塔吉克斯坦总统拉赫蒙通电话 . 人民日报，2020-06-17（1）.

② 习近平会见欧洲理事会主席米歇尔和欧盟委员会主席冯德莱恩 . 人民日报，2020-06-23（1）.

③ 赵建 . 重大公共卫生事件与中国城市化发展质量：理论框架、演进历程与路径选择 . 宏观质量研究，2021（6）:72-85.

④ 国家统计局 . 中华人民共和国 2021 年国民经济和社会发展统计公报 .（2022-02-28）[2022-08-11] .http://www.stats.gov.cn/tjsj/zxfb/202202/t20220227_1827960.html.

⑤ 中国互联网络信息中心 . 第 49 次《中国互联网络发展状况统计报告》.（2022-02-25）[2022-08-11] .http://www.cnnic.net.cn/n4/2022/0401/c88-1131.html.

网普及率以及能独立完成网络活动的比例相较于之前得到大幅度提升，但仍有大量老年人隔绝于互联网世界之外，他们同年轻群体之间的数字鸿沟仍在加大，这就产生了一种代际数字鸿沟。

1999 年美国国家远程通信和信息管理局（NTIA）在《在网络中落伍：定义数字鸿沟》中首次对数字鸿沟进行了界定，认为数字鸿沟（digital divide）是信息富有者与信息贫困者之间的鸿沟，包括不同国家、人群等层面，也可译作"信息鸿沟"。① 数字鸿沟主要体现为四个方面的差异：人们在接触和接入互联网上存在的差异；人们在使用互联网处理信息时体现的基本知识和技能程度上的差异；互联网内容的特点和信息服务对象等更有利于哪些群体使用和受益；人们在上网的动机、意愿、目的和信息寻求模式等方面表现的差异。② 而代际数字鸿沟是数字鸿沟的一个分支，一般是指存在较大年龄差距的群体之间的数字鸿沟。③ 在 20 多年前美国计算机科学家尼葛洛庞帝就曾指出，尽管许多人担心新兴技术会加剧社会的两极分化，使整个社会日益分裂为不同的阵营，如信息富裕者和信息匮乏者、富人和穷人、第一世界和第三世界，但真正的文化差距出现在世代之间。④ 在代际数字鸿沟中，主要有三类群体：数字原住民、数字移民和数字难民。央视纪录片《互联时代》曾提出这样的概念：在今天，人类被分为三个人群，伴随网络成长的"数字原住民"，网络生活已是他生命本能的一部分；那些在技术爆炸之前的传统社会中成长起来的"数字移民"，正在艰难地学习中，向网

①NTIA.Falling Through the Net:Defining the Digital Divide.［2022-08-12］.https://www.ntia.gov/legacy/ntiahome/fttn99/contents.html.

② 郭庆光.传播学教程（第二版）.北京：中国人民大学出版社，2011.

③ 吴士余.数字化的趋同与鸿沟——读《解读数字鸿沟》.书城，2003（12）:94-96.

④ 尼古拉·尼葛洛庞帝.数字化生存.胡泳，范海燕译.海口：海南出版社，1997.

络新大陆迁徙；而"数字难民"则远离数字文化，生活在过往经验塑造的旧大陆中。

新冠疫情防控期间，云办公、云课堂、云问诊等各种云上活动让人们意识到互联网给日常生活带来极大便利，那么后疫情时代，数字化也将成为未来社会发展的大势所趋。城市经过疫情的冲击，将逐步加强智慧城市建设，并更加注重实现数字公平，以确保人人享有公平包容的数字未来。这也是"数字市民"的未来走向。

第二节　理论指引：从数字中国到数字浙江

一、数字中国的发展进程

数字中国建设是新时代国家信息化发展的新战略，是满足人民日益增长的美好生活需要的新举措，是驱动引领经济高质量发展的新动力。在学术界，大家认为数字中国发展的直接诱因最早源于"数字地球"概念的提出。1998 年 1 月 31 日，时任美国副总统的阿尔·戈尔在题为《数字地球：对21 世纪我们星球的理解》的演讲中，提出了"数字地球"（digital earth）的概念，即一种可以嵌入海量地理数据的、多分辨率的真实地球的三维描述。戈尔"以近乎科幻小说的语言表述，向世人描绘了'数字地球'的虚幻轮廓"。这种"充满'幻想'的创意"，把人们带入了一个"融计算机、数字化、网络化和虚拟化为一体的广阔的'赛博空间'（cyberspace）"。"数字地球"的提出开启了全球数字化运动的浪潮，也引起了我国的高度重视。时任科技部副部长的徐冠华认为，"从本质上说，'数字地球'不是一个孤立的项目，而是一项整体性的、导向性的发展战略措施，它反映了科学技术乃至经济和社会的跨世纪发展的国家目标"，"从'战略'上讲，不发展'数字地球'，则有可能在维护国家权益方面陷入被动"。①

伴随着数字技术与政府改革、经济发展、社会民生、基层治理的深度融合，我国正加速迈进数字化发展的新阶段。2000年，习近平同志在福建工作期间提出建设"数字福建"②，开启了福建的数字化转型。这是数字中国建设的思想源头和实践起点。2003年，"数字浙江"成为全面推进浙江国民经济和社会信息化、以信息化带动工业化的基础性工程，推动了浙江数字经济的发展。2015年12月，习近平主席在第二届世界互联网大会开幕式上的讲话中首次正式公开提出了"数字中国"的概念，并发布了"数字中国"的建设纲领。他强调，"中国正在实施'互联网+'行动计划，推进'数字中国'建设。"③ 2016年12月，国务院正式出台《"十三五"国家信息化规划》，明确提出将"数字中国"建设取得显著成效作为我国信息化发展的总目标。2017年10月18日，党的十九大报告正式提出建设"数字中国"的战略构想。2017年12月8日，习近平总书记在主持中共中央政治局第二次集体学习时再次强调，要"加快建设数字中国，更好地服务我国经济社会发展和人民生活改善"④，这标志着"数字中国"建设进入全面发展时期。2018年4月，首届"数字中国"建设峰会召开，习近平总书

---

① 徐冠华，孙枢，陈运泰，等.迎接"数字地球"的挑战.遥感学报，1999（2）:2-6.

② 习近平：以信息化培育新动能 用新动能推动新发展 以新发展创造新辉煌.人民日报，2018-04-23（1）.

③ 习近平在第二届世界互联网大会开幕式上的讲话（全文）.（2015-12-16）［2022-08-14］.http://jhsjk.people.cn/article/27937316.

④ 习近平：实施国家大数据战略　加快建设数字中国.（2017-12-09）［2022-08-14］.http://jhsjk.people.cn/article/29696290.

记发来贺信，① 指出当今世界信息技术创新日新月异，数字化、网络化、智能化深入发展，在推动经济社会发展、促进国家治理体系和治理能力现代化、满足人民日益增长的美好生活需要方面发挥着越来越重要的作用。同年，"数字中国"被写入政府工作报告，从而确定了"数字中国"建设的路线图和时间表。2021年3月召开的两会，再一次将"数字中国"建设写入政府工作报告。报告提出要"加快数字化发展，打造数字经济新优势，协同推进数字产业化和产业数字化转型，加快数字社会建设步伐，提高数字政府建设水平，营造良好数字生态，建设数字中国"。同年，在令人关注的"十四五"规划中，"加快数字化发展 建设数字中国"被设置为独立章节，为加速推进"数字中国"建设指明了方向，另外该规划还对加快建设数字经济、数字社会、数字政府，营造良好数字生态作出明确部署。2022年3月5日，时任国务院总理李克强在十三届全国人大五次会议上作政府工作报告，明确提出要加强"数字中国"建设整体布局。党的二十大更是对加快建设"数字中国"作出重要部署。"数字中国"相关事件/文件及表述如表1–2所示。

① 以信息化培育新动能 用新动能推动新发展 以新发展创造新辉煌. 人民日报, 2018–04–23（1）.

表1-2   "数字中国"相关事件/文件及表述

时间	事件/文件	表述
2000 年	习近平（时任福建省省长）在省政府专题会议上的讲话	建设"数字福建"，攻占信息化的战略制高点，可以统揽我省信息化全局，发挥后发优势，实现社会生产力的跨越式发展，意义十分重大
2003 年 1 月	习近平（时任浙江省委书记）在浙江省十届人大一次会议上的讲话	数字浙江是全面推进我省国民经济和社会信息化、以信息化带动工业化的基础性工程
2015 年 12 月	习近平在第二届世界互联网大会开幕式上的讲话	中国正在实施"互联网+"行动计划，推进"数字中国"建设，发展分享经济，支持基于互联网的各类创新，提高发展质量和效益
2016 年 3 月	《中华人民共和国国民经济和社会发展第十三个五年规划纲要》	牢牢把握信息技术变革趋势，实施网络强国战略，加快建设数字中国，推动信息技术与经济社会发展深度融合，加快推动信息经济发展壮大
2016 年 4 月	网络安全和信息化工作座谈会	我国经济发展进入新常态，新常态要有新动力，互联网在这方面可以大有作为。我们实施"互联网+"行动计划，带动全社会兴起了创新创业热潮，信息经济在我国国内生产总值中的占比不断攀升
2016 年 7 月	《国家信息化发展战略纲要》	加快建设数字中国、大力发展信息经济是信息化工作的重中之重

续表

时间	事件 / 文件	表述
2016 年 12 月	《"十三五"国家信息化规划》（国发〔2016〕73 号）	到 2020 年，"数字中国"建设取得显著成效，信息化发展水平大幅跃升，信息化能力跻身国际前列，具有国际竞争力、安全可控的信息产业生态体系基本建立
2017 年 10 月	党的十九大报告	加强应用基础研究，拓展实施国家重大科技项目，突出关键共性技术、前沿引领技术、现代工程技术、颠覆性技术创新，为建设科技强国、质量强国、航天强国、网络强国、交通强国、数字中国、智慧社会提供有力支撑
2017 年 12 月	习近平致第四届世界互联网大会的贺信	中共十九大制定了新时代中国特色社会主义的行动纲领和发展蓝图，提出要建设网络强国、数字中国、智慧社会，推动互联网、大数据、人工智能和实体经济深度融合，发展数字经济、共享经济，培育新增长点、形成新动能
	十九届中央政治局第二次集体学习	大数据发展日新月异，我们应该审时度势、精心谋划、超前布局、力争主动，深入了解大数据发展现状和趋势及其对经济社会发展的影响，分析我国大数据发展取得的成绩和存在的问题，推动实施国家大数据战略，加快完善数字基础设施，推进数据资源整合和开放共享，保障数据安全，加快建设数字中国，更好地服务我国经济社会发展和人民生活改善

续表

时间	事件／文件	表述
2018 年 3 月	政府工作报告	让群众和企业切实受益，为数字中国建设加油助力
2018 年 4 月	习近平致首届"数字中国"建设峰会的贺信	加快数字中国建设，就是要适应我国发展新的历史方位，全面贯彻新发展理念，以信息化培育新动能，用新动能推动新发展，以新发展创造新辉煌
2018 年 5 月	习近平致 2018 中国国际大数据产业博览会的贺信	中国高度重视大数据发展。我们秉持创新、协调、绿色、开放、共享的发展理念，围绕建设网络强国、数字中国、智慧社会，全面实施国家大数据战略，助力中国经济从高速增长转向高质量发展
2018 年 11 月	亚太经合组织第二十六次领导人非正式会议	中国正在大力建设"数字中国"，在"互联网＋"、人工智能等领域收获一批创新成果。分享经济、网络零售、移动支付等新技术新业态新模式不断涌现，深刻改变了中国老百姓生活
2019 年 5 月	第二届"数字中国"建设峰会	以信息化培育新动能，用新动能推动新发展，以新发展创造新辉煌
2020 年 10 月	第三届"数字中国"建设峰会	创新驱动数字化转型，智能引领高质量发展
	党的十九届五中全会	坚持把发展经济着力点放在实体经济上，坚定不移建设制造强国、质量强国、网络强国、数字中国，推进产业基础高级化、产业链现代化，提高经济质量效益和核心竞争力

续表

时间	事件 / 文件	表述
2021 年 3 月	政府工作报告	加快数字化发展，打造数字经济新优势，协同推进数字产业化和产业数字化转型，加快数字社会建设步伐，提高数字政府建设水平，营造良好数字生态，建设数字中国
	《中华人民共和国国民经济和社会发展第十四个五年规划和 2035 年远景目标纲要》	加快数字化发展　建设数字中国
2021 年 4 月	第四届"数字中国"建设峰会	激发数据要素新动能，开启数字中国新征程
2022 年 3 月	政府工作报告	加强数字中国建设整体布局
2022 年 7 月	第五届"数字中国"建设峰会	创新驱动新变革，数字引领新格局
2022 年 10 月	党的二十大报告	加快建设制造强国、质量强国、航天强国、交通强国、网络强国、数字中国

二、数字中国的浙江实践：数字化改革

浙江省是数字化改革的先行省，也是我国数字治理的先行区，在推进数字化改革方面，浙江省扮演着重要角色。"数字浙江"是"数字中国"建设的重要组成部分，是"数字中国"的生动缩影。

从 2003 年的"数字浙江"、2014 年的"四张清单一张网"、2017 年的"最多跑一次"到 2018 年的"政府数字化转型"，再到 2021 年启动的"数字化改革"，"数字浙江"在十几年的发展过程中已成为浙江发展蜕变的重要引领（见图 1-2）。

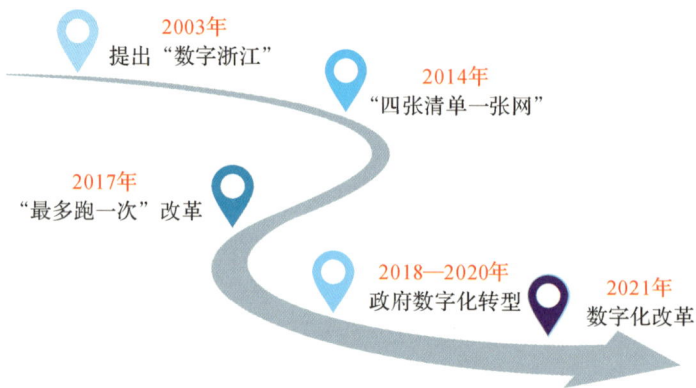

图1-2　"数字浙江"发展历程

　　决策部署阶段（2002—2013年）：2002年1月，浙江省九届人大五次会议正式提出建设"数字浙江"，全面推进国民经济和社会信息化。6月，在党的十六大提出的"以信息化带动工业化"的方针指导下，浙江省第十一次党代会提出了建设"数字浙江"的战略任务。2003年7月10日，在浙江省委第十一届四次全体（扩大）会议上，时任浙江省委书记的习近平同志在总结浙江经济社会多年发展经验的基础上，全面系统地阐释了浙江发展的"八个优势"，提出了指向未来的"八项举措"，这就是"八八战略"。①9月，浙江省政府印发《数字浙江建设规划纲要（2003—2007年）》，要求在未来的五年里，加快建设"数字浙江"支撑体系，积极发展和加快应用数字化、网络化、智能化等信息技术。同时，该纲要明确提出要以信息化带动工业化，以工业化促进信息化，实施走新型工业化道路的发展战略，使信息化、工业化、城镇化、市场化和国际化的进程有机结合，这为浙江数字经济发展提供了系统性指导。

---

① 中央党校采访实录编辑室. 习近平在浙江（上）. 北京：中共中央党校出版社，2021.

深化改革阶段（2014—2017 年）：党的十八大以来，习近平总书记先后多次到浙江考察，对浙江如何全面深化改革和推进信息化发展作出重要指示，为"数字浙江"建设和数字化改革提供了科学指引。2014 年 6 月，全国首个省、市、县一体化的网上政务服务平台——浙江政务服务网开通运行。随后浙江在全国率先部署"责任清单"工作，逐步形成了"四张清单一张网"的政府改革总抓手。2016 年，浙江首次提出"最多跑一次"改革的任务和目标。2017 年 2 月，浙江省政府下发《关于印发加快推进"最多跑一次"改革实施方案的通知》，全面启动"最多跑一次"改革，以"最多跑一次"改革倒逼"放管服"改革，不断激发市场活力。

加速发展阶段（2018—2020 年）：2018 年 1 月，浙江省第十三届人大一次会议正式提出"推进政府数字化转型"，加快建设人民满意的服务型政府。以"政府理念创新＋政务流程创新＋治理方式创新＋信息技术应用创新"四位一体架构为主要内容的政府全方位、系统性、协同式变革正式启动，浙江"数字政府"建设进入加速发展期，"数字浙江"建设进入政府数字化转型阶段。同年 7 月，浙江召开全省数字经济发展大会，会议提出要以"数字产业化、产业数字化"为主线，全面实施数字经济"一号工程"，从而推动了浙江经济高质量发展。同时，浙江印发《浙江省数字化转型标准化建设方案（2018—2020 年）》，创新政策工具，明确提出要"全面实施标准化战略，深化国家标准化综合改革试点，以标准化支撑数字化转型"。随后，浙江先后出台《浙江省数字经济五年倍增计划》《浙江省信息化发展"十三五"规划（"数字浙江 2.0"发展规划）》等，谋划了由"一大关键动力、两大基础支撑、二大重点领域"构成的六大数字化转型重点任务。

2020 年 9 月，浙江提出深入实施数字经济"一号工程"2.0 版，抢抓全球治理体系变革和产业链重构下数字经济创新发展的战略机遇。随后召开的省委十四届八次全会，审议通过了《关于制定浙江省国民经济和社会发展第十四个五年规划和二○三五年远景目标的建议》，"数字化改革"成为全会高频词。这场会议将数字化改革摆到了全面深化改革的首要战略位置。

蝶变跃升阶段（2021年起）：2021年起，浙江坚定不移落实习近平总书记在浙江工作期间作出的建设数字浙江重大决策部署，2021年在全国率先部署开展数字化改革，从全省层面统筹布局"1+5+2"数字化改革整体架构，到2022年迭代升级为"1+6+1+2"体系构架。浙江的数字化改革已经上升为全方位、全过程、全领域的一场深刻改革，浙江已经进入领跑全国数字变革的崭新阶段。

2021年2月18日，浙江省委召开数字化改革大会，向全省发出数字化改革动员令，提出要加快构建"152"工作体系："1"即一体化智能化公共数据平台；"5"即党政机关整体智治、数字政府、数字经济、数字社会和数字法治等五大系统；"2"即数字化改革的理论体系和制度规范体系。2022年2月28日，浙江省委召开全省数字化改革推进大会，会上提出要迭代升级数字化改革体系架构，整合形成"1612"体系构架，第一个"1"即一体化智能化公共数据平台（平台＋大脑），"6"即党建统领整体智治、数字政府、数字经济、数字社会、数字文化、数字法治六大系统，第二个"1"即基层治理系统，"2"即理论体系和制度规范体系，形成一体融合的改革工作大格局。截至2022年1月15日，已开展一年的数字化改革工作取得了一定成果：一是平台底座全面建成，建设了全省统一的公共数据平台，数据供给能力显著提升，数据共享满足率98.6%；初步实现全省政务数字资源一本账管理、一平台调度；数字孪生底座首批 10 个领域、22 个试点应用全部上线。二是应用成果持续涌现，谋划建设了重大应用 127 个，评选出省级最佳应用 55 个，打造了民呼我为、网络生态"数治通"、浙里基本公共服务等一批特色应用。三是理论成果层出不穷，组织开展数字化改革理论研讨活动 137 次，建立了一批数字化改革的规范性话语体系，理论专著、调研报告、理论文章等成果层出不穷。四是制度保障不断健全，制定、修订与数字化改革相关的地方性法规 16 部，出台《浙江省数字化改革总体方案》等制度性文件，发布《数字化改革公共数据目录编制规范》等地方标准。五是打通"最后一公里"，试点应用的 15 个下沉业务模块，率先在宁波、衢州实现省、市、县（市、区）、乡镇（街道）、村、网格全贯通，初步形成向乡镇以下延伸的实现模式和技术路径。[①]《2022 年数字中国发展报告》评估了各地区数字中国建设进展情况，结果显示，浙江、北京、广东、江苏、上海、福建、山东、天津、重庆、湖北等地区数字化综合发展水平位居全国前 10 名。其中，浙江因全力打造数字变革高地，以数字化改革驱动共同富裕先行和省域现代化先行而名列前茅。

第三节　主体推动：从政府优质供给到人民高质需求

供给和需求是对立统一的关系，高质量供给与高质量需求的相互统一有助于更好实现高质量发展。随着当前我国社会主要矛盾已经转化为人民日益增长的美好生活需要和不平衡不充分的发展之间的矛盾，民众对政府提供公共服务的能力和公共服务的质量提出了越来越高的要求。

①数字化改革"浙"一年.浙江日报,2022-02-28（3）.

一、基本公共服务均等化

提供基本公共服务是政府履行的兜底职能，是体现和实现共同富裕的重要标志，也是增强人民群众获得感、幸福感、安全感和认同感的重要载体。公共服务关乎民生、连接民心，需要提供高质量的公共服务以满足人民美好生活需要。高质量的公共服务是国家治理体系和治理能力现代化的重要体现。习近平总书记指出，要着力解决人民群众最关心最直接最现实的利益问题，不断提高公共服务均衡化、优质化水平。[①] 在数字化时代，新技术的兴起改变了服务理念和方式，公众对基本公共服务的需求已从单一化、大众化转向多样化、个性化、精准化。同时，数字公平问题也逐渐进入大众的视野，这里就不得不提到基本公共服务均等化这一政策话题。

基本公共服务均等化，实质上是一项促进社会公平、维护社会和谐稳定的公共政策，也是数字政府以及数字治理的题中应有之义。均等化的政策可追溯至 2002 年党的十六大。十六大报告提出“完善政府的经济调节、市场监管、社会管理和公共服务的职能”，把公共服务正式纳入政府基本职能，标志着基本公共服务均等化初步提上国家议程。2005 年中共十六届五中全会表决通过的《中共中央关于制定国民经济和社会发展第十一个五年规划的建议》提出，“按照公共服务均等化原则，加大对欠发达地区的支持力度，加快革命老区、民族地区、边疆地区和贫困地区经济社会发展”，首次明确了均等化原则。2006 年“十一五”规划纲要提出，“完善中央和省级政府的财政转移支付制度，理顺省级以下财政管理体制，有条件的地方可实行省级直接对县的管理体制，逐步推进基本公共服务均等化”，第一次正式提出基本公共服务均等化的概念。同年，中共中央在《关于构建

---

① 浦东开发开放 30 周年庆祝大会隆重举行 习近平发表重要讲话. 人民日报, 2020-11-13（1）.

社会主义和谐社会若干重大问题的决定》中强调，要逐步实现基本公共服务的均等化，均等化成为我国基本公共服务治理理念转换的重要标志性论述。党的十七大进一步明确，要通过财政转移支付促进基本公共服务均等化。2012 年，国务院颁布《国家基本公共服务体系"十二五"规划》，这是首部以基本公共服务为主题的规划，把基本公共服务均等化从基本理念具体化为可操作的政策措施。党的十八大报告提出"基本公共服务均等化总体实现"的目标。面对发展不平衡不充分的问题，2017 年 1 月，国家制定了《"十三五"推进基本公共服务均等化规划》，将"十三五"时期基本公共服务建设的任务聚焦为推进均等化。随后，党的十九大报告明确提出"到 2035 年基本公共服务均等化基本实现"的政策目标。根据经济社会发展的变化，2020 年 10 月党的十九届五中全会在描绘 2035 年基本实现社会主义现代化远景目标时，提出"基本公共服务实现均等化"这一更高的要求。党的二十大提出，到 2035 年基本公共服务实现均等化。

在数字化时代，"数字市民"作为一个新生事物，归根结底还是要为人民服务的。这就意味着，为了实现基本公共服务的均等化，无论是现在还是未来，"数字市民"无疑是一个很好的切入口，为进一步实现发展的社会包容性，满足人们多样化、个性化、精准化的需求提供了新的方式。2021 年，国家发展改革委联合 20 个部门印发《国家基本公共服务标准（2021版）》，其中明确了幼有所育、学有所教、劳有所得、病有所医、老有所养、住有所居、弱有所扶以及优军服务保障、文体服务保障等 9 个方面的基本公共服务，为全国各地提供大致相当的基本公共服务划定了底线。随后，浙江省出台《浙江省基本公共服务标准（2021版）》，相对于国家标准而言，浙江省的标准包括幼有所育、学有所教、劳有所得、病有所医、老有所养、住有所居、弱有所扶、军有所抚、文有所化、体有所健、事有所便等 11 个方面。数字化时代"数字市民"可以为人们提供优质的公共资源，围绕人的全生命周期，实现公共服务的均等化，满足市民在生命各个阶段的不同公共服务需求。

二、共同富裕

共同富裕这一概念最早出现在 20 世纪 50 年代中共中央通过的《关于发展农业生产合作社的决议》。从党的十九大报告提出的"两步走"发展战略到"十四五"规划，党中央提出了一系列关于共同富裕的举措和构想。2012 年 11 月 17 日，习近平总书记在十八届中共中央政治局第一次集体学习时提出，"共同富裕是中国特色社会主义的根本原则，所以必须使发展成果更多更公平惠及全体人民，朝着共同富裕方向稳步前进"[①]。2015 年在党外人士座谈会上，习近平总书记强调，"广大人民群众共享改革发展成果，是社会主义的本质要求，是我们党坚持全心全意为人民服务根本宗旨的重要体现。我们追求的发展是造福人民的发展，我们追求的富裕是全体人民共同富裕"[②]。到第十三届全国人民代表大会第一次会议，习近平主席进一步提出要促进社会公平正义，"在幼有所育、学有所教、劳有所得、病有所医、老有所养、住有所居、弱有所扶上不断取得新进展，让实现全体人民共同富裕在广大人民现实生活中更加充分地展示出来"[③]。2021 年6 月 10 日《中共中央 国务院关于支持浙江高质量发展建设共同富裕示范区

① 习近平：紧紧围绕坚持和发展中国特色社会主义 学习宣传贯彻党的十八大精神.（2012-11-19）［2022-08-16］.http://jhsjk.people.cn/article/19615998.
② 中共中央召开党外人士座谈会 习近平主持并发表重要讲话.（2015-10-30）［2022-08-16］.http://jhsjk.people.cn/article/27759699.
③ 习近平在第十三届全国人民代表大会第一次会议上的讲话.人民日报,2018-03-21（2）.

的意见》发布，浙江被赋予了先行探索高质量发展建设共同富裕示范区的重大使命。8 月 17 日，习近平总书记主持召开中央财经委员会第十次会议，他在会上作出"共同富裕是社会主义的本质要求，是中国式现代化的重要特征"，以及"共同富裕是全体人民的富裕，是人民群众物质生活和精神生活都富裕"的论述。① 从人民群众的角度来看，共同富裕的实现应该包含物质富裕和精神富裕双重含义。物质富裕意味着人们能够享受到稳定的经济增长和充足的物质资源，包括基本生活必需品、医疗保障、教育、住房、交通等公共服务的均等化，以及拥有稳定的就业和合理的收入分配机制。而精神富裕则涵盖了个体的幸福感、文化素养、社会认同感等非物质需求，也包括对美好生活的向往、对公平正义的追求、对人文精神的追求等方面。因此，共同富裕应该是物质富裕和精神富裕的统一，同时注重保障人民在物质和精神上的平等发展。2021 年 7 月 29 日，杭州市委十二届十二次全会正式对外发布《杭州争当浙江高质量发展建设共同富裕示范区城市范例的行动计划（2021—2025 年）》，提出率先探索破解新时代社会主要矛盾的有效途径，率先形成共同富裕的体制机制，不断开创"大杭州、高质量、共富裕"的发展新局，争当浙江高质量发展建设共同富裕示范区的城市范例。2022 年 10 月，党的二十大报告深刻阐述了中国式现代化五个方面的中国特色，其中之一就是"全体人民共同富裕的现代化"，这明确了实现共同富裕在全面建设社会主义现代化国家进程中的重要地位。共同富裕相关会议 / 文件如表 1-3 所示。

---

① 在高质量发展中促进共同富裕 统筹做好重大金融风险防范化解工作 . 人民日报，2021-08-18
（1）.

表 1-3　共同富裕相关会议 / 文件

共同富裕相关会议 / 文件	时间	相关表述
十八届中共中央政治局第一次集体学习	2012-11-17	共同富裕是中国特色社会主义的根本原则，所以必须使发展成果更多更公平惠及全体人民，朝着共同富裕方向稳步前进
党外人士座谈会	2015-08-21	广大人民群众共享改革发展成果，是社会主义的本质要求，是我们党坚持全心全意为人民服务根本宗旨的重要体现。我们追求的发展是造福人民的发展，我们追求的富裕是全体人民共同富裕
第十三届全国人民代表大会第一次会议	2018-03-20	我们要以更大的力度、更实的措施保障和改善民生，加强和创新社会治理，坚决打赢脱贫攻坚战，促进社会公平正义，在幼有所育、学有所教、劳有所得、病有所医、老有所养、住有所居、弱有所扶上不断取得新进展，让实现全体人民共同富裕在广大人民现实生活中更加充分地展示出来
党的十九届五中全会	2020-10-26	人的全面发展、全体人民共同富裕取得更为明显的实质性进展
《关于支持浙江高质量发展建设共同富裕示范区的意见》	2021-06-10	紧扣推动共同富裕和促进人的全面发展等，围绕构建有利于共同富裕的体制机制和政策体系，提出 6 方面、20 条重大举措
《浙江高质量发展建设共同富裕示范区实施方案（2021—2025 年）》	2021-07-19	率先基本建立推动共同富裕的体制机制和政策框架，努力成为共同富裕改革探索的省域范例
《杭州争当浙江高质量发展建设共同富裕示范区城市范例的行动计划（2021—2025 年）》	2021-07-29	率先探索破解新时代社会主要矛盾的有效途径，率先形成推动共同富裕的体制机制

续表

共同富裕相关会议 / 文件	时间	相关表述
中央财经委员会第十次会议	2021-08-17	共同富裕是社会主义的本质要求，是中国式现代化的重要特征，要坚持以人民为中心的发展思想，在高质量发展中促进共同富裕； 共同富裕是全体人民的富裕，是人民群众物质生活和精神生活都富裕
党的十九届六中全会公报	2021-11-11	促进共同富裕
党的二十大	2022-10-16	中国式现代化是全体人民共同富裕的现代化

作为公共服务普及普惠的表现形态，基本公共服务均等化是共同富裕的内在要求和应有之义。① 实现共同富裕是促进基本公共服务均等化的价值目标，促进基本公共服务均等化是实现共同富裕的着力点。"数字市民"可以通过实现人的全生命周期公共服务优质共享来达到实现高质量共同富裕的目的，让城市公共服务普及普惠全体市民，让市民群众"物质和精神"共同富裕。

第四节　能力升级：从技术革新到数据赋能

一、技术为"数字市民"带来无限可能

当前，大数据、人工智能、区块链等数字技术日新月异，拓展了国家

---

① 张喜红：基本公共服务均等化是共同富裕的内在要求. 光明日报, 2022-04-01（11）.

治理的领域，逐渐成为数字化时代一种常备的治理工具，成为驱动新一轮科技革命和产业变革的重要力量。在万物互联的时代，传统的技术手段已难以满足日益复杂的治理需求，然而，数字技术的出现却打破了地域阻隔和时空限制，极大地拓展了人们的生活半径，创新并运用好数字技术对于实现科学化、精细化、智能化治理能力的提升以及满足人民日益增长的美好生活需要具有重要意义。

2021年，习近平主席在致世界互联网大会乌镇峰会的贺信中指出，数字技术正以新理念、新业态、新模式全面融入人类经济、政治、文化、社会、生态文明建设各领域和全过程，给人类生产生活带来广泛而深刻的影响。[①] 时至今日，人类共经历三次工业革命，而现在以大数据和人工智能为代表的智能技术正将我们推向第四次工业革命的浪潮。2016年1月15日，世界经济论坛创始人兼执行主席克劳斯·施瓦布在达沃斯世界经济论坛上推出自己的新著《第四次工业革命：变革的力量》，他认为，"第一次工业革命大约从1760年延续至1840年。由铁路建设和蒸汽机的发明触发的这次革命，引领人类进入机械生产的时代。第二次工业革命始于19世纪末，延续至20世纪初，随着电力和生产线的出现，规模化生产应运而生。第三次工业革命始于20世纪60年代。这一次革命通常被称为计算机革命、数字革命"，而第四次工业革命"同过去相比，互联网变得无所不在，移动性大幅提升；传感器体积变得更小、性能更强大、成本也更低；与此同时，人工智能和机器学习也开始崭露锋芒"。[②] 伴随第四次工业革命的演进，数

---

① 习近平向2021年世界互联网大会乌镇峰会致贺信．（2021-09-26）［2022-08-17］.http://jhsjk. people.cn/article/32236905.

② 克劳斯·施瓦布．第四次工业革命：变革的力量．李菁译，北京：中信出版社，2016.

字技术将深刻影响市民城市生活的方方面面，从吃、穿、住、行、用到游，每个领域都将迎来大变革。因此，城市公共服务要实现提质扩面增效，必然需要数字化技术的赋能推动。比如大数据技术能以特定的方法和技术，精准预判市民对城市公共服务的需求，有助于提高城市公共服务决策的科学性和服务提供的有效性。再比如人工智能技术，一方面，通过对海量信息的计算推理，它能够找出其中的内在逻辑和社会关系，从而促进公共服务供给端的数据、决策、信息等更加协调；另一方面，它还能够根据需求端服务主体的差异性提供个性化公共服务，实现供需精准对接。

二、数据为"数字市民"打下坚实基础

1980 年，著名未来学家阿尔文·托夫勒在其著作《第三次浪潮》中，将信息社会的来临称为继农业革命和工业革命之后的"第三次浪潮文明"，并将大数据热情地赞颂为"第三次浪潮的华彩乐章"。在数字时代，数据要素对经济建设、社会生活和政府治理产生着整体性、革命性、根本性的影响。IDC Global DataSphere 显示，2021 年全球数据总量达到了 84.5ZB，预计到 2026 年，全球结构化与非结构化数据总量将达到 221.2ZB。

从国家层面来看，数据正成为国家发展重要战略资源。2015 年 8 月，国务院发布《促进大数据发展行动纲要》，提出"加快政府数据开放共享，推动资源整合，提升治理能力"的主要任务；2016 年 3 月，《中华人民共和国国民经济和社会发展第十三个五年规划纲要》出台，明确"实施国家大数据战略,把大数据作为基础性战略资源,全面实施促进大数据发展行动,加快推动数据资源共享开放和开发应用"的行动指南；党的十九届四中全会首次将数据增列为一种生产要素；2020 年 3 月，中共中央、国务院印发

《关于构建更加完善的要素市场化配置体制机制的意见》，意见明确提出了“加快培育数据要素市场”、加快“研究根据数据性质完善产权性质”的任务。2021 年，“十四五”规划关于大数据的描述已融入各篇章。同年，《数据安全法》《个人信息保护法》相继出台，数据信息安全方面的专项立法日臻完善。2022 年，党的二十大首次把数据作为国家安全保障体系的领域之一，对数据安全的重视前所未有。

在浙江省层面，政府颁布了《浙江省公共数据开放与安全管理暂行办法》、《数字化改革　公共数据分类分级指南》（DB33/T 2351—2021）、《浙江省公共数据条例》等文件；围绕数字化改革，创新建设一体化数字资源系统（integrated resources system，简称 IRS）以及建成省、市、县一体化智能化公共数据平台。近几年，浙江依托 IRS 归集了海量数据资源，除省级外，浙江市县级层面的数据资源也很丰富，其中，仅杭州市就已归集约 1600 亿条，而且随着杭州全量全要素数据归集工作的推进，数据资源数量增长迅速。

在数字化时代，“用数据说话、用数据决策、用数据管理、用数据创新”成为智慧城市治理的一种模式。“数字市民”与“数字”二字密不可分，它的顺利运转必须依靠大量数据的支撑。政府部门或企业将归集后的数据向社会共享开放，源源不断的数据资源不仅释放了社会公共服务价值，也为城市的可持续发展提供了强大的动力。

第五节　本章小结

本章从时代发展、理论指引、主体推动、能力升级四个角度对“数字市民"的发展机遇进行了阐述和分析。在时代发展层面，分析了城镇化发展如何催生"数字市民"，以及在后疫情时代"数字市民"所呈现的新现象；在理论指引层面，阐述了"数字中国"以及浙江数字化改革的发展历程，为"数字市民"的发展方向提供了战略支撑；在主体推动层面，"数字市民"的发展需要政府和人民群众的共同参与，实现公共服务均等化与共同富裕是双方共同的目标；在能力升级层面，"数字市民"离不开数字技术的驱动和数据资源的支撑，两者是推动"数字市民"发展的重要力量。

第2章

"数字市民"的研究现状

　　"数字市民"是一个新兴的概念，对它的理解和研究需要基于对相关文献资料的梳理和分析，全面了解数字公民、数字原住民、数字移民和数字难民的国内外研究现状，以求找到深入探讨"数字市民"的新方法、新线索，使其概念、理论具体化。

第一节　国外研究现状

一、理论研究

（一）关于数字公民

　　"数字市民"的英文是 digital citizen，但 citizen 又可以译为"公民、国民"，而国外绝大多数指代的是"数字公民"，且集中应用在教育领域。在学术界，关于数字公民的定义尚无统一的定论。1997 年，乔恩·卡茨（Jon Katz）阐述了一项关于数字公民的民意调查，提炼出数字公民的主要特点，即乐观、宽容、有公民意识且从根本上致力于变革。[1]2007 年，凯伦·莫斯伯格（Karen Mossberger）在其《数字公民：互联网、社会与参与》一书中认为，数字公民是"定期且有效地使用互联网的人"。[2]2008 年，莫斯伯格认为"'数字公民'是利用信息技术参与到社会、政治及政府活动中的个体"。[3]除此之外，俄亥俄州立大学教授木山·崔（Moonsun Choi）总结提炼出数字公民的四大核心范畴，即数字伦理、媒体和信息素养、公共参与以及批判力。[4]

美国学者迈克·瑞博（Mike Ribble）被称为"数字公民教育之父"，他在《学校里的数字公民》一书中将数字公民界定为"在技术使用的过程中能遵循相应规范而表现出合适的、负责任的行为的人"[5]。他在书中提出的数字公民九大要素，为美国教育界广泛接受和采用，即数字准入、数字商务、数字沟通、数字素养、数字礼仪、数字法律、数字权利与责任、数字身心健康、数字安全。这些要素被纳入美国国际教育技术协会国家教育技术标准，成为美国学校数字公民教育的重要指南。

2016 年 6 月，美国国际教育技术协会（International Society for Technology in Education，ISTE）发布《国际教育技术学生标准》（ISTE standards for

---

[1]Katz J.　The digital citizen.　Wired, 1997, 5（12）：68-77.

[2]Mossberger K. Digital Citizenship: The Internet, Society and Participation. Cambridge, MA: MIT Press, 2007.

[3]Mossberger K, Tolbert C J and McNeal R S. Digital Citizenship. Cambridge, MA: MIT Press, 2008: 10.

[4]Choi M. A Concept of digital citizenship for democratic citizenship educcation in the Internet age. Theory &Research in Social Education, 2016, 44（4）;565-607.

[5]Ribble M. Digital Citizenship in Schools（Second Edition）. Washington DC: International Society for Technology in Education, 2011:10-11.

students），明确提出数字公民是未来数字时代每一个人的基本生存方式，并将合格的数字公民定义为：数字公民是能够践行安全地、合法地、符合道德规范地使用数字化信息和工具的人。[①] 这是学术界关于"数字公民"认同度比较高的解释。

目前，对数字公民的讨论主要集中在作为数字时代的公民应该如何行使数字社会的权利、履行数字社会的义务，即恰当地、负责地使用各种信息技术，以参与社会活动，促进社会发展。瑞博把现实世界的公民与虚拟世界的数字公民进行对比后（见表2-1），认为"数字公民身份"（digital citizenship）是"恰当、负责任地使用技术的规范"。[②] 与强调作为公民个体的数字公民（digital citizen）相比，数字公民身份（digital citizenship）更多体现的是数字公民的责任与义务，与数字公民如何规范地参与数字社会息息相关，个人或群体在数字社会中体现的数字公民规范水平的高低也就反映出了其数字公民素养的优劣[③]。Gazi 将社会性加入数字公民身份概念中，强调数字公民身份是一系列社会结构化的实践和促进数字社会个人发展与价值标准的行为规范，提出各级教育需要将数字公民意识融入实践，以实现价值观的构建，并满足未来的全球标准。[④] Choi 在对数字公民身份概

---

①International Society for Technology in Education（ISTE）.Infographic:Citizenship in the digital age.（2019-06-04）［2022-08-20］.https://www.iste.org/explore/Digital-citizenship/Infographic%3A-Citizenship-in-thedigital-age.

② 钱松岭.数字公民的过去、现在与未来——访美国"数字公民教父"Mike Ribble 博士.中国电化教育，2019（9）：55-59，67.

③ 郑云翔，钟金萍，黄柳慧，等.数字公民素养的理论基础与培养体系.中国电化教育，2020（5）：69-79.

④Gazi Z A. Internalization of digital citizenship for the future of all levels of education. Egitim Ve Bilim-Education and Science, 2016, 41（186）：137-148.

念进行综述和内容分析的基础上，从互联网政治活动、专业技能、地方／全球意识、批判性思维、人际网络五个方面进行阐述，提出了评估个人数字公民身份的有效和可靠的方法。[①]

表 2-1　现实世界的"好公民"与虚拟世界的"好公民"对比

现实世界的好公民	虚拟世界的"好数字公民"
1. 倡导人权平等	1. 倡导数字权利与技术接入平等
2. 礼貌待人，永不欺人	2. 在线尊重他人，永不网络欺凌
3. 不偷盗，不损害他人人身与财产安全	3. 不剽窃或损害他人数字作品、数字身份或数字财产
4. 清楚、尊重地与他人交流，能共情	4. 通过各种数字技术途径与他人交流时，作正确的决定
5. 积极地接受教育，培养终身学习习惯	5. 利用数字工具改善学习并在技术上与时俱进
6. 负责任地花费与管理金钱	6. 负责任地网购，保护好支付信息
7. 维护隐私、言论自由等基本人权	7. 在数字论坛中维护基本人权
8. 保护自己与他人远离伤害	8. 保护个人信息，远离可能引起伤害的外部因素
9. 积极地改善自己的身心健康	9. 积极地降低技术可能给身心健康带来的风险

　　尽管不同学者提出了各自对数字公民身份内涵的不同理解，但从这些定义中可以发现数字公民身份与数字鸿沟有着紧密的联系，数字公民身份

①Choi M, Glassman M, Cristol D. What it means to be a citizen in the internet age: Development of a reliable and valid digital citizenship scale.Computers & Education, 2017, 107: 100−112.

意识的提高有利于缩小数字鸿沟。数字鸿沟（digital divide）一词最早见于劳埃德·莫里塞特（Lloyd Morrisett）对信息富人（the information-haves）与信息穷人（the information have-nots）间存在的个人计算机占有率差异进行的描述。[①] 随后，1999 年 NTIA 在《被互联网遗忘的角落：定义数字鸿沟》（*Falling Through the Net: Defining the Digital Divide*）报告中正式将数字鸿沟定义为在拥有信息时代工具的人与未曾拥有者之间存在的差异。[②] 随着 ICT（信息与通信技术）的发展，2001 年，经济合作与发展组织（OECD）认为数字鸿沟是指处于不同社会经济水平的个人、家庭、企业和地理区域在获取信息与通信技术的机会以及在各种活动中使用互联网方面的差距。[③] 2002 年，第三届世界电信发展大会在伊斯坦布尔举行，国际电信联盟（ITU）指出，数字鸿沟可以理解为由于贫穷、教育设施中缺乏现代化技术以及由于文盲而形成的贫穷国家与富裕发达国家之间、城乡之间以及年轻一代与老一代之间在获取信息和通信新技术方面的不平等。在联合国 2003 年召开的"信息社会世界高峰会议"上，数字鸿沟是指世界上享有信息技术的群体和被信息技术排斥在外的群体之间的差距，以及这些群体内部彼此之间不能相互转让信息的情况。此外，一些学者也纷纷给出自己的理解，比如科马尔（Komar）等在全球经济时代这一背景下，认为数字鸿沟就是"信息富有"和"信息贫困"之间的知识鸿沟[④]；莫斯伯格则将数字鸿

① 金兼斌. 数字鸿沟的概念辨析. 新闻与传播研究，2003（1）：75-79, 95.

② NATA.Falling Through the Net: Defining the Digital Divide.［2022-08-23］https://www.ntia.gov/legacy/ntiahome/fttn99/contents.html.

③ OECD.Understanding the Digital Divide.［2022-08-23］.https://www.oecd.org/digital/ieconomy/1888451.pdf.

④ Komar B. Race,poverty and the digital divide.Poverty&Race, 2003（1）：1-4.

沟细分为获取鸿沟、能力鸿沟、经济机会鸿沟和民主鸿沟。[①] 到了新冠疫情时期，数字鸿沟的概念已完善为国家、地区和个人在信息与通信技术上的不均匀获取和分配。[②]

（二）关于数字原住民、数字移民和数字难民

按照对数字化生活的融入程度的不同，数字原住民、数字移民和数字难民构成了数字时代人类数字鸿沟所划分的新的"三个世界"。

数字原住民（digital natives），也可被译为"数字土著""数字原生代"。这个词最早出现在 1996 年，著名网络活动家约翰·佩里·巴洛（John Perry Barlow）在其发表的《网络空间独立宣言》中写道："You are terrified of your own children, since they are natives in a world where you will always be immigrants."这句话的意思是："你们害怕自己的孩子，因为在这个世界上，他们是土著，而你们永远是外来者。"但文中并未对数字原住民作出具体定义。率先对其进行界定的是美国知名教育顾问和作家马克·普伦斯基（Marc Prensky）。2001 年他首次提出了数字原住民和数字移民的概念。他认为数字原住民是出生于 1984 年之后的人，其一生都沉浸在数字技术当中，被电脑、视频游戏、数字音乐播放器、视频摄像头、手机以及数字时代其他的所有的玩具或工具所包围。[③] 2008 年 8 月，美国哈佛大学的网络社会研究中心和瑞士圣加仑大学的信息法研究中心在从另一个角度合作研究网络化生存的问题时，约翰·帕尔弗雷（John Palfrey）与厄尔斯·加瑟（Urs

---

① Mossberger K,Tolbert C J, Stansbury M. Virtual inequality:Beyond the digital divide. Washington DC:Georgetown University Press, 2003.

② Turianskyi Y.COVID-19:Implications for the 'digital divide' in Africa.［2022-08-24］.https://www.africaportal.org/features/covid-19-implications-of-the-pandemic-for-the-digital-divide-in-africa/.

③ Prensky M. Digital natives, digital immigrants. On the Horizon, 2001, 9（5）: 1-6.

Gasser）对数字原住民作出明确解释，认为它是指那些在数字世界里出生并成长起来的孩子。① 加拿大学者唐·塔斯考特（Don Tapscott）把出生在 1977 年 1 月至 1997 年 12 月的一代称为网络世代（net generation），认为这一群人出生于数字时代且拥有数字技术的悟性。② 20 世纪 80 年代，威廉·施特劳斯（William Strauss）和尼尔·豪（Neil Howe）将出生于 20 世纪 80 年代初至 90 年代中期之间的年龄群体称为"千禧一代"（millenials），这一提法与数字原住民无本质上的区别。沃丹诺维奇（Vodanovich）等将数字原住民定义为出生于信息通信技术泛在的年代，并且熟练使用各种信息化工具和技术的人。③

数字移民（digital immigrants）是与数字原住民相对应的概念，普伦斯基将这类人群定义为出生较早，且面对新兴数字科技或数字文化时，必须经历艰难、不顺畅的学习历程的群体。④ 他们好像现实世界中新到一个地方的人，必须想出各种办法来适应眼前崭新的数字化环境。蒂尔瓦瓦拉（Tilvawala）等从泛在信息系统角度总结了数字移民的特点，研究认为这类人群往往对新技术持部分抵制态度或反应迟缓；喜欢单进程工作方式更甚于多任务操作；能长时间集中注意力；往往使用正式的、组织批准的沟通渠道；对于娱乐和游戏的需求并不显著；习惯组织的等级制度和权力的

① Palfrey J, Gasser U. Born Digital—Understanding the generation of digital natives.New York: Basic Books, 2008: 8.

② Tapscott D. Educating the Net Generation. Educational Leadership, 1999, 56（5）: 6–11.

③Vodanovich S, Sundaram D, Myers M.Research commentary—digital natives and ubiquitous information systems.Information Systems Research, 2010, 21（4）: 711–723.

④Prensky M.Digital natives, digital immigrants.On the Horizon, 2001, 9（5）: 1–6.

垂直分层；工作与生活的界限区分得十分明显等。①

有些学者倾向于从年龄角度来划分数字原住民和数字移民，比如马尔加良（Margaryan）等认为数字移民是指那些出生在 1985 年前的人，判断依据是个人 PC 机的发售和第三代游戏机的突破。②但这样的划分是不准确的，肯尼迪（Kennedy）等认为在某些不发达的地区，即使出生在 1980 年之后的人仍然没有基本的数字技能。③面对数字原住民和数字移民这一对概念的模糊边界，国外很多学者试图用新的概念来强调这两者的整合而不是单纯割裂。2009 年，马克·普伦斯基在《数字智人：从数字移民和数字土著到数字智慧》一文中首次提出"数字智慧"（digital wisdom）这一术语，减弱了对数字移民和数字土著的绝对划分，认为每个人都有机会和能力提高自己的数字化水平。④与此类似，美国印第安纳大学的夏伦·斯托格（Sharon Stoerger）提出"数字熔炉"（digital melting pot）的隐喻⑤，兰斯德尔（Ransdel）等在研究中把数字先天论（digital nativism）作为数字原住民和数字移民的测量工具之一。⑥

---

①Tilwawala K, Sundaram D, Myers M. Design of organisational ubiquitous information systems: Digital native and digital immigrant perspectives//Proceedings of the PACIS 2013, Jeju Island, Korea, 2013.

②Margaryan A, Littlejohn A, Vojt G. Are digital natives a myth or reality? University students'use of digital technologies. Computers & Education, 2011, 56（2）: 429-440.

③Kennedy G, Judd T, Dalgarno B, et al. Beyond natives and immigrants: Exploring types of net generation students. Journal of Computer Assisted Learning, 26（5）: 332-343.

④Prensky M. H. sapiens digital: From digital immigrants and digital natives to digital wisdom. Innovate: Journal of Online Education, 2009, 5（3）: article 1

⑤Stoerger S. The digital melting pot: Bridging the digital native-immigrant divide. First Monday, 2009, 14（7）.

⑥Ransdell S, Kent B, Gaillard-Kenney S, et al. Digital immigrants fare better than digital natives due to social reliance. British Journal of Educational Technology, 2011, 42（6）: 931-938.

数字难民（digital refugees）最早出现在 2006 年，韦斯利·弗莱尔（Wesley Fryer）受到普伦斯基的启发，首次使用了数字难民一词，指那些因为经济、社会、文化等原因远离数字文化的群体。[①]数字难民主要集中在发展中国家，尤其是世界最不发达地区，例如中东及撒哈拉以南非洲的难民社区。数字技术如今虽已相当普及，但仍然有数量庞大的数字难民存在。由于种种原因，这些数字难民无法接触或选择抗拒数字文化，因此很难把握日益增多的数字机遇，这使得他们自身和所处社会的发展陷入不利局面。有学者提出需要为数字难民群体提供一致和有效的网络接入，跨越一级数字鸿沟是急需从技术、组织和政策多个层面开展的艰巨工作。[②]

二、实践研究

正如前文所述，数字公民在国外是教育界的术语，因此实践上主要是开展数字公民教育，其中美国最具代表性。美国较早地开始探索数字公民教育。美国政府自 1998 年起相继颁布了一系列法令以确保未成年人网络使用安全，比如《儿童在线保护法案》《儿童在线隐私保护法案》《儿童互联网保护法案》等，鼓励学校从学前班到高中阶段开设涉及数字公民教育的课程。另外，ISTE、美国非营利性机构常识媒体（common sense media）、美国国家独立学校联合会（National Association of Independent Schools，NAIS）等机构也会承担相关方面的研究。此外，对于数字鸿沟问题，美国一些组织和地方政府已经认识到并致力于解决这一问题。纽约市政府

---

①Fryer W.Digital Refugees and Bridges.（2006-10-20）［2021-05-10］.http：/www. infinitethinkingmachine.org/2006/10/digital-refugees-andbridges.html.

②Maitland C F. Now you see it, now you don't: Digital connectivity in marginalized communities. Computer, 2018, 51（6）：62-71.

正与电信公司合作，推广"消除城市的'数字鸿沟'"项目，旨在向居住在公共住房中的 65 岁以上老人发放平板电脑，并提供一年免费网络服务。纽约市政府技术官员约翰·法默（John Farmer）表示："新冠疫情向所有人表明，网络宽带是公共卫生必需品。人们要在数字时代获得必要的服务，首先必须上网。"

　　欧洲同样也重视数字公民教育，2016 年欧洲委员会教育政策与实践指导委员会就曾发布《数字公民教育项目》（*Digital Citizenship Education Project*），帮助儿童获得积极、负责任地参与数字社会所需要具备的能力等。但除了教育，欧洲有一个看似不起眼的国家，却是"数字公民"的先行者——爱沙尼亚，它被《纽约客》（*The New Yorker*）称为"数字国家"，被《连线》（*WIRED*）评为"世界上最先进的数字社会"。1999 年，爱沙尼亚提出了很完整的数字国家计划——e-Estonia，即"爱沙尼亚数字国家计划"。爱沙尼亚是世界上第一个拥有电子居民（e-Residentity）的国家。2002 年 1 月，爱沙尼亚向居民发放带有芯片的强制 ID 卡，授权居民通过数字签名直接识别并验证合法交易和文件。每个 15 岁以上的爱沙尼亚公民都有一个安全的、经过认证的数字身份，这被认为是每个公民与生俱来的权利。[①] 截至2022 年 10 月，爱沙尼亚 64% 的居民经常使用身份证，19% 的人使用移动 ID，44% 的人使用智能身份证。[②] 2014 年爱沙尼亚推出了基于数字身份 ID（即 E-Residency）的"数字公民"计划。该计划面向全世界各个国家，破除了地域限制，主要适合初创公司、数字企业家、自由职业者＋顾问、数字游

---

① 袁卫平．爱沙尼亚网络强国发展分析及对我国的借鉴意义．江苏通信，2018（5）：63-65.

② 电子爱沙尼亚官网 .Enter e-estonia. ［2022-10-22］.https://e-estonia.com/wp-content/uploads/e-estonia-211022_eng.pdf.

牧民族（寻求极简主义的生活方式和无固定位置的真正自由）等对象和群体，使其可以跨区域、无国界地拥有合法公民身份和商业账户，以融入爱沙尼亚的数字化商业环境。根据最新数据，截至 2023 年 5 月，已经有来自 170 多个国家的 10 万人成为爱沙尼亚的"电子公民"，2.5 万多家电子常驻公司，爱沙尼亚政府从中获得了 3200 多万欧元的税收收入。[①]

在亚洲，各个国家也在积极开展数字公民教育与建设，以实现数字鸿沟的弥合。日本前首相菅义伟提出了数字化课题，并为此设立专门的机构——数字厅，谋求建立政府各级部门之间的大数据平台，打通各个部门之间的行政壁垒。这被视为日本消除"数字鸿沟"的第一步。新加坡为实现"由数字创新驱动的领先经济体"的抱负以及落实"智慧国家 2025"愿景，政府与企业、社区和学校等合作，大力开展数字技术学习活动。新加坡资讯通信发展管理局（IDA）早在 2007 年就推出了"银发族资讯通信计划"（SII），通过银发族资讯中心、银发族上网热点、银发族资讯日和银发族资讯电脑奖励计划等，帮助老年人学习新科技，更多地接触电脑与网络。2018 年，SII 推出电子付款体验之旅，协助 50 岁以上的人掌握电子付款技能。2020 年，新加坡政府成立了数字转型办公室，招募 1000 名"数字大使"，深入社区帮助约 10 万名老人掌握数字技能。

---

① 爱沙尼亚电子公民官网 .e-Residency in numbers.［2023-05-10］.https://www.e-resident.gov.ee/dashboard/.

第二节　国内研究现状

一、理论研究

（一）关于数字公民

在我国，关于数字市民的理论研究比较匮乏，而关于数字公民方面的探讨较为丰富。国内最早关于数字公民的提法源于 2000 年中国社会科学院主办的《Internet 信息世界》杂志。[①] 该杂志在"网文择要"中介绍了国际货币基金组织（IMF）所发表的《数字经济时代的国家管理》专题报告，文中指出："互联网使数字公民的数量和有关意识飞速增长发展，不管各国的历史和文化背景是什么，平民文化深入普及是共同特点。网络时代是数字公民的平民文化时代。所谓数字公民是指能够借助网际活动超越地理的或国界的、行政的或政治的局限而生存和发展的人。"周宗奎等在已有的对数字公民定义的基础上，认为数字公民是指在数字生活中善用技术的人，其中，"善用"体现在恰当地、负责任地、宜人地且批判性地使用技术。[②] 王芹、张君至研究数字政府领域数字公民，将其定义为：无网络准入限制（国籍、民族、年龄、区域等）的、可借助一定区域认证身份和信息化工具合法地、符合道德规范地从该区域获取便捷服务或生产要素等红利的个体。[③]

---

① 网文择要 .Internet 信息世界，2000（9）：40-44.

② 周宗奎，苗天长 . 中小学生数字公民素养评价指标和课程框架探析 . 中国考试，2022（4）：17-25.

③ 王芹，张君至 . 小公民，大治理，时代呼唤的"数字公民"来了 .（2020-09-27）[2022-09-02]. https://www.govmade.cn/viewpoint/20200919/491969331924566016.html.

2017 年两会期间，全国政协委员、新大陆科技集团总裁王晶递交了“加快‘数字公民’建设，提升社会治理和公共服务能力的建议”的提案，首创提出“数字公民”理念。王晶认为，“数字公民”是每个公民在数字世界中的副本，是公民通过信息技术手段在数字世界中参与各类活动、行使各项权利、履行各种义务的一种方式。“数字公民”是公民在大数据时代的画像和展示，是公民获取公共服务的升级版，是公民参与社会治理的创新形式，也是真正推动多元社会治理的主体。[①] 王晶的“数字公民”概念源自 2014 年 11 月 1 日习近平总书记走访福州市鼓楼区军门社区时提出的“三个如何”，即如何让群众生活和办事更方便一些，如何让群众表达诉求的渠道更畅通一些，如何让群众感觉更平安、更幸福一些。[②] 这一概念根植于“数字福建”，是对“数字中国”战略的积极响应。自 2018 年起王晶又陆续提交了一系列关于数字公民建设的提案：2018 年全国两会期间，提交了“关于数字公民助力数字中国创新发展的建议”，提出通过打造一把百姓可管可控的数字化安全钥匙赋能于百姓，提升百姓数字化水平；2020 年全国政协十三届三次会议上，提交了关于“加速推进数字公民建设”的提案；2022 年全国两会上，聚焦“可信数字身份建设”领域，提出了统筹推进数字身份治理体系建设和推动数字身份服务体系百花齐放等建议。

伴随着数字公民和数字公民教育研究的深入，数字公民素养开始被提及。阮高峰对数字公民素养从数字安全、规范交往、数字生存、数字学习等四

① 王晶.“数字公民”与社会治理创新.学习时报,2019-08-30（3）.

② 全面深化改革全面推进依法治国　为全面建成小康社会提供动力和保障.人民日报,2014-11-03（1）.

个维度进行阐述。[①] 王佑镁等认为数字公民素养就是在数字网络环境下公民能够掌握各种数字工具，并批判性、创新性地利用数字工具的更高层次的个人能力修养。[②] 郑云翔等将数字公民素养定义为数字时代下公民利用各种数字技术进行学习、工作和生活所需具备的关于安全、合法、符合道德规范地使用技术的价值观念、必备品格、关键能力和行为习惯。简而言之，就是"信息时代下合格数字公民所应具备的素养"。[③] 尽管国外学者并没有正式提出数字公民素养的概念，但从当前研究来看，他们更强调数字公民身份（digital citizenship），而这长期以来被定义为"技术使用行为规范"，与数字公民素养核心一样，因此国内的"数字公民素养"可以理解为国外的"数字公民身份"。

（二）关于数字原住民、数字移民和数字难民

在中国，大家习惯于按照出生年份来划分代际，比如80后、90后、00后，90后、00后通常被视为中国第一代数字原住民，他们生于网络时代也长于网络时代，习惯于数字化的生活环境，是建构互联网文化、符号、价值的主力军。数字移民一般认为是60后、70后，他们成长过程中无法接触到互联网，直到成年后才开始通过长期的学习以适应飞速发展的数字化时代。数字难民一般是指40后、50后及更年长者，他们在1954年互联网正式进入中国前步入中年，由于主客观条件限制，而无法熟练使用数字技术的各种功能，因此无法跟上数字化时代的步伐，被孤立在数字世界之外，难以

---

① 阮高峰. 中小学数字公民素养教育：现状与建议. 中国信息技术教育，2016（19）：9-14.
② 王佑镁，赵文竹，宛平，等. 应对数字社会挑战：数字智商及其在线教育体系. 现代远程教育研究，2020（1）：61-67，92.
③ 郑云翔，钟金萍，黄柳慧，等. 数字公民素养的理论基础与培养体系. 中国电化教育，2020（5）：69-79.

享受数字技术所带来的便利。以十年为单元的代际划分是社会学研究中经常会使用的一种方法，但这种划分方法过于简单粗暴和片面。目前，我国学术界关于数字原住民、数字移民和数字难民的理论研究很少单纯以精确的出生年龄为标准，或者十年为一代来界定。

赵宇翔等根据中国互联网普及面以及 PC 机普及情况，将 1975 年前出生的人界定为数字移民。[①]探究数字移民的信息需求，提高他们的媒介素养，已成为积极应对数字鸿沟的重要课题。李舒欣等提炼了数字移民在媒介素养方面的群体特征，认为数字移民媒介素养水平与使用动机、情感感知、社会环境息息相关。[②]袁红等发现由于对计算机、手机等设备的不熟悉，数字移民在搜寻信息过程中会遇到技术性困难和非技术性困难。[③]

张立新等认为数字原住民是伴随着数字技术产品成长起来的新一代，数字化生活是他们生活不可或缺的重要组成部分。[④]曹培杰、余胜泉进一步剖析数字原住民的基本特征是在无处不在的信息技术环境中成长起来，于新技术的习得方面更具优势，并善于利用技术来促进学习。[⑤]华桦认为，数字原住民的种种特征可以概括为青年在"互联网经历"上的独特性。[⑥]修南在厘清数字原住民两大误区的基础上，认为数字原住民是伴随着数字技术而成长起来的一代新人，他们以数字化产品为媒介，能够自主选择是否与

---

① 赵宇翔.数字悟性：基于数字原住民和数字移民的概念初探.中国图书馆学报,2014（6）:43-54.

② 李舒欣,赵宇翔.新媒体环境下数字移民的媒介素养探索：基于智能手机应用的扎根分析.图书情报工作,2016（17）:94-102.

③ 袁红,唐娜.数字移民健康信息搜寻动机及感知障碍研究.情报资料工作,2015（2）:67-72.

④ 张立新,张小艳.论数字原住民向数字公民转化.中国电化教育,2015（10）:11-15.

⑤ 曹培杰,余胜泉.数字原住民的提出、研究现状及未来发展.电化教育研究,2012（4）:21-27.

⑥ 华桦.职业青年互联网使用：数字原住民特征与数字鸿沟.当代青年研究,2018（5）:16-22.

周围环境发生联结，同时具备发展高阶数字素养的基本能力。[①]

同样，对于数字原住民和数字移民的界限，赵宇翔提出"数字悟性"（digital savvy）的概念，建议暂时搁置关于二者的学术争辩，从整合的研究视角出发，跨越两者间单纯的二元对立，为用户信息行为领域的理论和实证研究提供新的构念和研究方向。[②]Zhao 等指出，随着 Web 2.0 理念的逐步深入以及各类社会化媒体的陆续出现，数字原住民和数字移民对数字产品的认知水平、学习深度和熟练程度等方面的差距正在被逐渐拉大。[③] 例如，以中年人为主体的数字移民，在对新技术的使用行为以及分享态度等方面，显现出了与以大学生为主体的数字原住民的差异。这也提醒我们应关注这个群体在新技术使用上的困难，并尽量避免代际人群之间产生数字鸿沟[④]。

国内数字难民的研究主要集中在如何跨越一级、二级数字鸿沟，接触并熟练使用信息技术。如何使数字难民转型，将成为互联网下半场的重要使命。秦钰玺结合 2020 年新冠疫情，分析后疫情时代下日益多元化的数字难民产生的原因，提出需要调动社会各界共同参与到数字难民转型之路中，从而帮助数字难民重新社会化，为社会注入新的活力，充分实现数字经济的包容发展，让数字红利普惠社会。[⑤]面对数字代沟所带来的挑战，周裕琼

---

① 修南.高职院校线上"金课"建设思想理路与改进策略——基于数字原住民视角.中国职业技术教育,2021（20）:21-26.

② 赵宇翔.数字悟性:基于数字原住民和数字移民的概念初探.中国图书馆学报,2014（6）:43-54.

③Zhao Y C, Xu X, Sun X, et al. An integrated framework of online generative capability: Interview from digital immigrants. Aslib Journal of Information Management, 2014, 66（2）: 219-239.

④ 邱凌、李一诺."数字移民"群体微信使用行为分析.青年记者,2016（30）:82-83.

⑤ 秦钰玺.后疫情时代"数字难民"的困境与突围.新闻知识,2021（4）:88-92.

指出，文化反哺有可能成为缓和亲子冲突、改善家庭结构的难得机遇，亲子双方对文化反哺充满了温情的评价。[①]方楠从家庭微信场域代际互动视角出发，认为亲代和子代需要通过提升数字文化观念的认同感与理解力，强化家庭代际互动的凝聚感与向心力，推动精神赡养行为的在场感与自觉力等积极实践，实现数字时代的家庭代际和谐互动。[②]王波伟等则发现技术反哺对亲子间"技术、情感与威权"有着多重互惠作用。[③]

目前，我国偏远地区数字难民现象有所缓解。中国互联网络信息中心第51次《中国互联网络发展状况统计报告》显示，截至2022年12月，我国非网民规模为3.44亿人，较2021年12月减少3722万人。[④]非网民群体规模的缩小表示接触数字媒介已经成为一种普遍的城乡行为，但缩小数字鸿沟的工作任重道远。对于农村等偏远地区的数字难民，郭小良等提出数字难民问题的解决需要媒体平台的积极介入，运用算法为农村居民精准画像，导入主流价值观和建设性内容，实现农村数字难民从边缘向中心的迁移。[⑤]

二、实践研究

在"数字中国"战略的推动下，我国绝大多数城市开始实施"数字城市"

① 周裕琼.数字代沟与文化反哺：对家庭内"静悄悄的革命"的量化考察.现代传播 — 中国传媒大学学报，2014（2）：117-123.
② 方楠.数字代沟中的文化反哺：家庭微信场域代际互动问题研究.北京邮电大学学报（社会科学版），2022（5）：10-17.
③ 王波伟，袁向玲."向孩子学习"：社交媒体使用中青少年对亲代的技术反哺研究.华中科技大学学报（社会科学版），2022（1）：132-140.
④ 中国互联网络信息中心.第51次《中国互联网络发展状况统计报告》.（2023-03-02）[2023-05-11].http://www.cnnic.net.cn/n4/2023/0303/c88-10757.html.
⑤ 郭小良，王含章.从接触到使用：算法视阈下的农村新数字难民.当代传播，2022（4）：59-62.

计划，其中就包括数字公民和数字市民相关实践的探索。

（一）"数字公民"实践探索

"数字公民"是世界各国都在不断实践的、已经较为成熟的一个行动计划，我国比较具有代表性的城市是福州。2017 年 8 月 28 日，全国首个"数字公民"试点在福州市鼓楼区启动，"数字公民联合实验室"同时揭牌。鼓楼区作为"数字公民"的首个试点，在"还数于民"理念支持下，开启两大基础能力平台及七项基本应用建设。其中，两大基础能力平台为数字身份公共服务平台与个人数据抓取能力平台，而基本应用为政务便利应用、商务权证保管、健康全息数字人、综合信用服务、数据创建应用、参与社会治理应用，以及个人数据云服务。试点启动后，先由数字公民身份公共服务平台向鼓楼区所有居民发放数字公民 ID。这一平台依托公安部的实名实人认证技术，绑定个人在物理世界的身份信息和生物特征，生成CA 证书存入用户手机，并由用户设置授权密码，建立起一套人证合一、证机合一、机人合一的完整身份认证体系。一方面，公民有了数字身份就拥有了开启个人数据空间的钥匙。用户通过下载"数字公民"App 完成身份认证后，即能够实现线上授权验证、线下授权验证、面对面授权代办等行为，比如，通过在线授权发起政务办事，自动完成表单填写，并将办事材料递交到业务受理系统，无须亲自跑窗口，从而实现鼓楼区相关事务"全流程网办"的目标。另一方面，数字身份还提供可靠的隐私保护，市民可按需取回分散在不同机构、部门、平台中的个人数据，并进行可视化的组织管理。在保证隐私的情况下，用户可以根据不同场景和服务需求，授权第三方使用个人数据。例如，在不同的身份核验场景中，如酒店入住、快递实名等，用户可以申请相应的身份码，以身份码取代出示纸质证件；当委托他人代办业务并涉及私人证件交托时，用户也可通过用户之间的赋码，在托付过程中将敏感数据隐藏在身份码之后。

（二）"数字市民"实践探索

"数字市民"虽然在学术界尚未有相关理论研究，但国内已有少数城市开始实践先行，比如深圳、杭州等。

1.深圳：打造数字政府、数字经济和"数字市民"三位一体的"数字深圳"[①]

2021 年 1 月，深圳市政府出台《关于加快智慧城市和数字政府建设的若干意见》（以下简称《意见》），文件在第一章中就提及要提供安全可信、平等普惠的"数字市民"服务，打造数字政府、数字经济和"数字市民"三位一体的"数字深圳"，助力城市治理体系和治理能力现代化，更高水平地满足人民对美好生活的向往。其中《意见》在"深化公共服务'一屏智享'"章节中提出要实施"数字市民"计划。具体而言，是要大力推广电子签名、电子印章、电子证照和电子档案，构建"数字市民"认证、管理和应用体系，建立数据账户和用户信息授权机制，建立健全市民办事数据共享比对机制，减少证明材料重复性提交，推动"数字市民"可跨城办理业务、跨域使用数据。探索建立全市统一"市民码"服务体系，推动全市统一身份认证和多码融合、一码通用，不断丰富"一号走遍深圳"内涵。

[①] 深圳市人民政府办公厅.关于加快智慧城市和数字政府建设的若干意见：深府〔2020〕89 号.（2021-01-05）〔2022-09-11〕.http://www.sz.gov.cn/szzsj/gkmlpt/content/8/8394/post_8394031.html#19244.

2. 杭州：杭州市民卡管理有限公司"数字市民"计划 ①

杭州的"数字市民"计划由杭州市民卡管理有限公司提出并计划推行，是该公司的重点工作之一，在前期已经有了一定的基础。杭州市民卡管理有限公司是由杭州市金融投资集团有限公司全资控股的国有综合性支付服务企业，受杭州市政府委托负责杭州·市民卡（社会保障卡）的发行、运营和业务拓展工作，因此杭州市民卡管理有限公司以及杭州市民卡体系建设具有较大的政府公信力。杭州·市民卡以线上生活服务平台和市民卡营业网点为载体，打通"线上 + 线下"服务体系，在信息安全基础之上丰富应用场景，深入未来社区、智慧养老、智慧助残、智慧医疗、便捷泊车、公共交通、人才码平台、社会保障、消费支付、金融理财等各领域。该计划旨在推进生活数字化、公共服务数字化，同时也致力于打破数字服务领域数字鸿沟，让更多的群体能受益于智慧城市建设，共享数字时代和智慧城市建设的发展红利。

第三节　本章小结

本章主要对数字公民、数字公民身份 / 素养的概念与内涵、数字鸿沟、数字原住民、数字移民、数字难民等国内外相关文献进行了梳理和总结。

在理论方面，详细阐述了数字公民概念的起源，介绍了关于数字公民身份 / 素养概念界定的主要观点，强调数字公民素养的提高有助于数字鸿沟的弥合。按照对数字化生活融入程度的不同，分别阐述了数字原住民、数字移民和数字难民这三个人群的特点与研究现状。在实践方面，总结了

---

① 杭州市民卡管理有限公司 . 数字市民：杭州·市民卡的实践之路 . 杭州：浙江大学出版社，2022.

其他国家进行数字公民教育，提高数字公民素养，跨越数字鸿沟的方法与举措，并指出我国同样正在推行包括数字公民和"数字市民"在内的"数字城市"计划。

从国内外现有研究和应用现状可以看到，关于数字公民的探讨较多，对其内涵和特征有明确的界定，并且数字公民已成为世界各国在不断实践的、较为成熟的行动计划。但是关于"数字市民"的理论研究还较为匮乏，亟待构建"数字市民"的理论体系，为进一步推进"数字市民"建设提供理论指导。

第3章

"数字市民"的理论探究

    学术界对于"数字市民"的概念、要素、特征并没有明确的定义，导致相关研究在建设思路、数据应用、人文价值体现等方面尚未形成一套完整说明和科学论述，理论创新和应用实践结合不足。因此，本章将进一步提出"数字市民"的理论框架、概念，并分析相关内涵要素，突显"数字市民"的人文价值，并规范其建设标准，以促进理论研究和实践探索共同进步。后续本章将探讨"数字市民"的打造思路、场景建设等内容，以丰富其理论框架和概念内涵。

第一节　理论框架

    "数字市民"作用于城市空间中，与城市公共服务和市民生活密不可分。推动"数字市民"发挥价值的有五大基本要素，即数字身份、数字场景、数字素养、数字权利和数字安全。数字身份对应市民身份信息，用于身份认证和数字准入，是市民融入"数字市民"的基础；数字场景是围绕城市公共服务需求所打造的服务场景，可提供全方位的"智惠"服务；数字素养是市民融入和适应数字生活所应当具备的能力；数字权利是市民现实权利在数字空间的拓展延伸，是市民表达发展需求和公共服务需求的基本权利；数字安全则在"数字市民"的整体建设和运行中起到保驾护航的作用（见图3-1）。

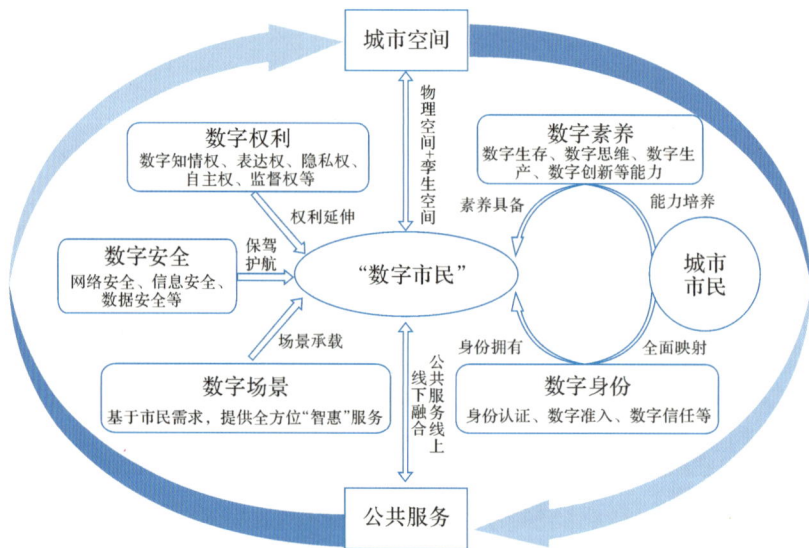

图3-1 "数字市民"框架

其中的内在逻辑是："数字市民"建立在数字安全的基础之上，旨在构建适应数字时代的城市公共服务体系，为城市市民提供数字化的、全方位的、普惠均等的公共服务。要实现这一目标，需要建立城市市民的数字身份认证体系，并以市民需求为导向，打造数字化的城市公共服务场景，同时保障市民在数字空间的基本数字权利。而市民也要通过提高自己的数字素养与技能，主动融入和适应"数字市民"生活，正确行使数字权利，以丰富"数字市民"的价值内涵，推动"数字市民"服务体系臻于完善。建设"数字市民"要实现人在数字空间的全方位映射，通过赋予城市市民唯一数字身份，构建一个市民数字生活空间，打造智能化、全方位、全周期的城市社会公共服务应用场景，从而实现公共服务创新以及社会治理方式的现代化、数字化转型。

　　总体而言，"数字市民"在城市空间中的建设和运行，受到城市的经济水平、政策导向、科技基础、物质条件等外在因素的深刻影响。然而，作为城市公共服务的最终受益者，市民的需求和反馈也是影响"数字市民"服务体系建设和优化的重要因素。通过运用大数据、云计算、人工智能、区块链、数字孪生等新技术，"数字市民"在不同系统领域之间建立数字信任，助力缩小数字鸿沟，服务数字社会和数字经济，从而推动实现城市公共服务的均等化、普惠化和智慧化。"数字市民"与城市、市民深度融合，通过一系列具体应用场景和服务措施满足群众需求，这将不断推动城市公共服务价值的深入挖掘和城市治理水平的稳步提升。

第二节　本质内涵

　　"数字市民"是数字治理重心从上层宏观的城市治理、社会治理、经济服务等转向基层微观的对应市民个人身份的数字场景应用，是自下而上打通智慧城市建设末端"神经元"的必然趋势。在数字化改革的大背景下，"数字市民"有助于全面提高城市治理的协同化、自动化和智能化水平，实现城市治理的精细化和精准性。

一、"数字市民"的内涵意义

（一）"数字市民"的概念内涵

数字世界的出现催生了"数字公民"的概念，而"数字市民"则是"数字公民"在城市空间中的具体呈现，是其重要分支。通过对城市市民个人数据的全景化采集，实时、动态、全方位地对城市市民进行数字映射，"数字市民"赋予城市市民数字身份，使其更好地体验城市公共服务和数字生活。

"数字"和"市民"是"数字市民"的两个关键核心。"市民"是物质主体和目标主体，是现实的"人"；"数字"在此处特指"市民"的映射与衍生，即对市民身份信息和生活信息的大数据转化和资源性呈现。"'数字'＋'市民'"才是数字社会中"人"的完整展现，即两者的存在辩证统一。因此，建设"数字市民"的第一步是依托数字技术，打通社会信息、政府信息以及市场信息的壁垒，对市民生活信息作系统、规范、合法、合理、全面的收集、整理、分析，形成兼具共性和个性的城市公共服务需求目标模型。通过模型对目标主体进行分析，实现将城市公共服务供给精准定位到每一类人群、每一个个人，从而提高城市公共服务的质量与效率，提高市民的幸福感和获得感。

因此，"数字市民"是在城市空间中基于数字平台打造的，使市民具有数字身份并能凸显数字价值的市民服务体系，是市民多重身份的一种技术存在方式，是市民在物理世界中的责、权、利在数字世界同步实现的重要体现。

（二）"数字市民"的重要意义

"数字市民"是一个涵盖社会生活各方面的概念，它在数字化改革各领域中均有体现。"数字市民"建成后，市民的数字化身份可以在数字政府、数字经济、数字社会领域中找到一一对应之所在，但各有侧重。在数字政府领域，"数字市民"主要体现为便捷高效的政务服务；在数字经济领域，"数字市民"主要体现为便利实惠的经济服务；在数字社会中，"数字市民"主要体现为多样优质的社会服务。三者的最终目的都是提高市民生活水平、促进社会和谐稳定、促进社会经济发展。因此，"数字市民"的建设需要统筹协调建设数字政府、数字经济、数字社会的关系，全方位、多维度构建一个良好而完整的数字生态，既保证数字社会、数字经济、数字政府三者之间能够高效交融，也能使"数字市民"在其中产生积极的化学反应，最终达到"1+1+1 > 3"的效果。

首先，"数字市民"目标明确、社会影响巨大，可以有效地提升城市的数字化水平和城市品位，树立良好的政府形象。"数字市民"的建设需要充分运用信息化和数字化手段，以大数据为驱动力，通过构建全方位、全周期的"数字市民"运营体系，精准统计和预测市民需求中的痛点、难点、热点、焦点问题，实现社会治理从旧模式向精细化、个性化、主动化的新模式升级。

其次，对于政府部门而言，建设"数字市民"需要建立统一的数据平台，有效整合信息和数据资源，为部门业务的深入展开和宏观决策提供有力支撑，从而改进工作流程和方法，转变工作方式和作风，提高办事效率。同时，"数字市民"也将大大丰富数字政府建设的内涵，提高政府部门之间的协同工作能力，增强政府部门合力，提高政府组织重大项目的能力。

最后，在促进经济发展方面，"数字市民"的建设需要依赖云计算、大数据、人工智能等新技术来支撑，涉及从市民数据和市民信息的采集、管理、运算到将数据转化为服务的过程，如医疗、社保、交通等领域的大数据分析与服务转化。通过"数字市民"建设，完善云计算中心、大数据中心等基础设施的部署，可进一步推动大数据产业的发展，促进相关产业的智能化发展进程。

但是，"数字市民"最终还需回归于"市民"本身。市民不仅是"数字市民"的重要服务对象，也是"数字市民"的建设主体。因此，需要构建符合社会需求的数字素养教育框架，加强数字技能的普及培训，加大数字应用的宣传力度，提升市民的数字技能，积极营造数字文化氛围，让城市市民进一步转化为城市"数字市民"，这样既能最大化"数字市民"的建设效益，也能提高居民素养，进一步助推社会升级。

二、"数字市民"与数字孪生

从定义内涵中不难看出，"数字市民"在一定意义上具有"数字孪生"（digital twin）属性。当前，由于城市全貌无法系统反映、主体协作程度不高等问题的出现，智慧城市建设迎来了新起点——"数字孪生城市"。基于数字化标识、自动化感知、网络化连接、普惠化计算、智能化控制、平台化服务的信息技术体系和城市信息空间模型，"数字孪生城市"促进城市全要素数字化和虚拟化、全状态实时化和可视化、城市运作管理协同化智能化，实现物理城市与数字城市协同交互、平行运转，从而形成物理维度上的实体世界和信息维度上的虚拟世界同生共存、虚实交融的城市发展格局。"数字孪生城市"强调以数据为依托,实现对人、事、物在数字空间的全方位映射,而"数字市民"则注重对人进行"数字画像"和"建模"。通过物联网、区块链、云计算、大数据等数字技术对市民本身进行计算机和网络感知、识别和分析,以市民生活数据为基础建立关于市民的动态"数字模型",进而将现实世界市民的新状态传导至数字世界的数字模型中,实现"数字市民"与现实市民之间的实时互动。"数字市民"对现实市民进行全周期和全领域的动态追踪和仿真,通过信息互动,分析并预测现实市民的现实需求以及需求的变化,从而助力及时、合理地调配公共服务资源。在这个意义上,"数字市民"是城市市民在城市空间中的"数字孪生体"。

"数字市民"是城市公共服务底层的新型数字基础设施"综合体",旨在推动市民公共服务体系数字化。全面推进"数字市民"基础设施建设,可以优化社会资源配置,提高多元社会主体的协同效果,化解当代社会运转复杂巨系统中的不确定性,从而提升数字经济的普惠性,有效引导社会创新活力的释放。数字治理的基础对象是市民,"数字市民"是数字时代打造的新型基础设施综合体,是数字协同治理的重要组成部分,最终为市民提供美好的公共服务体验,为城市创造新的服务和场景。在建设"数字市民"的基础设施方面,需要多种数字化载体在不同情况下的配合,如前端卡、码、智能终端等,同时需要充分考虑各类群体的使用偏好,尤其是老人、小孩、残障人士等无法或不便使用智能设备的群体。从覆盖程度来看,"数字市民"要求实现市民全覆盖,因此"数字市民"的基础设施要覆盖到市民生活的每个方面,所有市民群体也需要广泛参与,支持"数字市民"的深层次建设。因此,"数字市民"是一条利用技术创新驱动数字治理的新路径。

　　我们不能简单地定义“数字市民”的应用属性，无论是归于“数字孪生”还是“新型数字基础设施”，“数字市民”都涉及城市建设和公共服务的方方面面。为了不断满足新时期群众日益增长的服务需求和城市发展需求，需要不断引入新技术和迭代新应用，以完善“数字市民”应用体系。然而，“数字市民”的建设并非仅仅是数字化技术与市民群众的简单结合，而是需要以市民为中心，协同数字化改革成果，横向和纵向共同突破，探索形成数字治理新路径。

三、“数字市民”与数字鸿沟

　　《中华人民共和国国民经济和社会发展第十四个五年规划和2035年远景目标纲要》提出要加快数字社会建设步伐，要适应数字技术全面融入社会交往和日常生活新趋势，促进公共服务和社会运行方式创新，构筑全民畅享的数字生活。中共中央、国务院印发的《数字中国建设整体布局规划》，将“数字社会精准化普惠化便捷化取得显著成效”作为2025年数字中国建设的目标之一，并明确提出“构建普惠便捷的数字社会”，这为加快数字社会建设指明了前进方向。数字社会是数字化、网络化、智能化深度融合的社会。这种深度融合集中表现为：高度被感知的社会、高度互联互通的社会、高度被精准计算的社会、高度透明的社会和高度智能化的社会。感知、融合、共享、协同、智能是数字社会的基本属性。[1]“数字市民”作为“数字社会”的重要组成部分，促进了市民与数字化公共服务之间的紧密连接，实现了全方位、全周期的服务，提升了城市公共服务的质量和效益，为构

---

[1] 魏礼群，顾朝曦，倪光南，等．数字治理：人类社会面临的新课题．社会政策研究，2021（2）：3-12.

建更加智能、高效和普惠便捷的社会作出了重要贡献。

　　然而，我们也不能忽视"数字鸿沟"问题的存在。根据 NTIA 的定义，"数字鸿沟"指的是"信息富人"与"信息穷人"之间的"信息沟壑"。在学术界中，"信息穷人"通常被称为"数字难民"，特指在数字化环境中生活比较困难的人，即那些不熟悉网络使用或无法使用网络的人，他们在数字化的便利条件下反而面临不便之处。这些人因各种条件限制，对习得并掌握新型数字技巧不具优势，缺少应对无处不在的网络操作需求的能力，这是"数字难民"的主要特征，也是造成"数字鸿沟"的主观原因。老年群体是"数字难民"的主要群体，从他们自身出发，他们可以通过学习掌握数字技能，融入数字世界。但由于主客观条件的限制，老年群体往往容易被边缘化，出现"老年歧视"的现象。为了解决这个问题，"数字反哺"随之出现，它来源于"文化反哺"，周晓虹将"文化反哺"定义为"在急速的文化变迁时代所发生的年长一代向年轻一代进行广泛的文化吸收的过程"。[①]"数字反哺"是年轻一代在数字素养培育、数字媒介接入、数字终端使用等方面对年长一代进行辅导，使其掌握一定的技能并得以融入数字生活，从而实现年长一代与时代不脱节、不脱钩。然而，解决这个问题仅仅通过数字素养教育培训是不够的，更重要的是全方位、多维度、多角度地完善数字生活服务体系，使不同人群能通过不同渠道、不同方式、不同媒介享受到便捷高效的社会公共服务。而这需要更深层次的数字化与更有温度的非数字化相结合，使数字化服务成为群众生活的"可选项"而非"唯一选项"。

---

① 周晓虹.试论当代中国青年文化的反哺意义.青年研究，1988（11）：22-26.

　　"数字市民"建设提供多个"选项"的社会公共服务形式，可以进一步解决"数字鸿沟"问题。从本质上讲，数字鸿沟是由于对信息、网络技术的拥有程度、应用程度以及创新能力的差别而造成的信息落差及贫富进一步两极分化的趋势。长期存在和持续扩大的"数字鸿沟"会导致社会发展的不平衡和利益分配的不均衡，加剧社会矛盾。因此，建设"数字市民"需要扩大数字基础设施的覆盖范围，提高互联网接入的质量和传输能力，从而使智慧化的公共服务不再局限于数字技术的发展和使用层面，使不同群体能够在同一时间和空间中获取相同的数字资源和公共服务，并进一步办理相关事务，最终实现社会公共服务的整合叠加和智能转型。

第三节　基本要素

　　"数字市民"有五大基本要素：数字身份、数字场景、数字素养、数字权利和数字安全。数字身份和数字场景侧重于"数字"，数字素养和数字权利侧重于"市民"，数字安全则侧重于整体的安全支撑。在城市公共服务中，五个要素与"数字市民"共同构建起服务城市市民的整体框架。

一、数字身份

　　在"数字市民"中，"数字身份"是市民在数字空间活动的身份标识。有学者认为，数字身份是现实世界的人、物、系统等实体映射到数字空间的、具有唯一性的标识符，以及实体相关属性的数字化表示；数字身份通过识别、认证、签名、信任等功能，为人们在数字空间的各种交互和活动提供信任环境。[①]

通过对数字身份的功能用途进行剖析，可以发现数字身份的现实意义并不仅仅停留在"身份标识"层面。数字身份作为"数字市民"的基本要素之一，其主要在于身份认证以及数字认证。其中，身份认证也被称为"身份验证"或"身份鉴别"，是计算机网络中的一个重要概念，旨在确认操作者在计算机及计算机网络系统中的身份，以确定用户是否具备访问和使用某种资源的权限，从而确保计算机和网络系统的访问策略能够可靠、有效地执行。身份认证的目的是防止攻击者冒充合法用户获取资源的访问权限，以保护系统和数据的安全，并维护授权访问者的合法利益。在现实生活中的政务服务、银行服务、电子商务等场景中，通常依靠用户的账户、密码、生物特征、指纹等信息来验证用户的身份。通过验证用户身份信息的真实性和有效性，身份认证可以保护用户的隐私和安全，防止未授权的访问和潜在的风险。因此，身份认证已经成为保障用户安全和提高网络系统可靠性的重要手段。

从传统意义上来看，"数字认证"主要应用于网络安全领域，它是一种基于数字证书的身份验证技术。通过加密和解密用户身份信息、数字签名和签名验证等方式，"数字认证"确保了网络传输的信息安全性和完整性。然而，"数字市民"中的数字认证具有更广泛的含义，它是一种覆盖市民生活各领域的"数字身份认证"，它基于传统的"物理身份认证"进行数字化升级，旨在实现对每个"人"（市民）的精准对应，最终将社会服务定位到不同人群和个体上。在"数字市民"中，每个人都有唯一对应的数

---

① 冀俊峰 . 数字身份与元宇宙信任治理 . 北京 : 北京大学出版社 , 2023.

字身份。通过数字认证，可以设立"数字账户"，整合传统的社保卡账户、市民卡账户、银行账户、电子钱包等功能，同时记录市民行为并归集市民信息数据。通过收集、整理和分析相关数据，可以更清晰地了解市民需求的动态变化、体量规模、类型分布等，从而帮助有关公共部门及时调整社会公共产品的供给，避免资源浪费，优化公共资源配置，提高社会治理的精度和市民对服务的满意度。此外，数字账户的设立让市民拥有对相关行为数据的处置权。通过建立数字账户，脱敏后的数据可以在有关公共服务部门之间共享和获取，实现社会各治理主体之间的协调，实现"还数于民"。

在不同的社会场景中，市民会使用不同的身份认证载体来对应不同的市民身份。如全国统一的居民身份证（对应居民身份）、各商业银行发行的银行卡（对应银行客户身份）、社保部门发行的社保卡（对应社保参保人员身份）等。这些身份认证载体的共同特点是需要在不同的社会环境中使用，同时也可以在必要时跨部门、跨场景地应用于持卡人办理相关业务。如今，为了提高社会服务的效率与质量，全国多个地区正在进行"多卡合一""多码合一"的探索与实践，这一举措旨在将政府政务服务、社会公共服务、金融服务、权益保障等功能整合到一张智能卡（电子卡或码）中，打造个人独特的"数字身份"。通过这种方式，一张智能卡（电子卡或码）的身份认证可以用于不同的社会领域，从而进一步提高城市公共服务的效率。

二、数字场景

数字应用场景是"数字市民"发展的土壤，两者相互促进、和谐共生。

对于"数字市民"与数字应用场景内在联系的分析，可以转化为对人与社会的关系的分析。人与社会是相互依存、相互制约、相互促进、对立统一的关系。一方面，个人对社会具有依赖性，个人的生存离不开一定的社会条件；个人的发展依赖于社会，个人对社会的依赖性使个体的发展和社会的发展具有一致性，但也存在一定的矛盾性。另一方面，个人对社会具有能动性，人能够积极主动地认识和创造社会，推动社会由低级向高级发展。社会对个体既有促进作用，也有制约作用。社会的全面发展和进步推动着个人的全面发展和进步。同理，"数字市民"只有在数字应用场景中才能实现数字化的公共服务；而数字应用场景也只有在"数字市民"的建设要求下才能进一步拓宽服务范围，逐步实现市民生活领域的全覆盖。

　　"数字市民"的数字应用场景应秉持"以人为本"的核心理念，并具备基础性、功能性、全面性和包容性的特点。基础性是指数字应用场景能够满足市民生活的基本需求，并能够在现有基础上进行功能开发与场景拓展；功能性强调应用场景的功能和属性，即针对特定问题或需求而开发的应用场景，能够满足不同群体的需求；全面性要求应用场景能够覆盖市民生活的各个方面，并且能够成功实施和落地；包容性则要求场景建设具有普惠共享的特点，尤其要关注老年人、残疾人、妇女儿童等特殊群体，助力实现数字社会"不让任何一个人掉队"的目标。从现实来看，多数城市的数字应用场景已经贯穿市民生活各领域各层次，并通过汇聚多元数据资源来升级公共服务供给方式，但场景建设过程仍存在分散的特点。要实现场景与人、与数字的有机融合，就必须对市民生活各领域的数字化场景进行一体化设计，统筹考虑各方面因素，并统一布局。

　　近年来，国内多个城市在数字场景方面已经展开了具体实践。例如，杭州、成都、福州、南昌、西安、合肥等城市致力于打造"城市大脑"，在城市经济运行、社会管理等领域取得了显著进展。这些城市推进公共服务智慧化应用场景的建设，通过政务服务"一网通办"、城市运行"一网统管"以及社会诉求"一键回应"，成功实现了数字化的公共服务。在与市民衣食住行息息相关的智慧交通、智慧医疗、智慧文旅、智慧教育等方面，政府运用大数据、云计算、物联网、区块链等技术，并通过"数据＋算法"的双轮驱动，能够准确地洞察社会问题和公众需求，为其创造精准的"数字画像"，从而增强对社会复杂现象的感知与回应能力，提升了决策的科学化与精细化水平。同时，这些实践也为政府快速解决城市公共服务难题、创造城市发展新业态等提供了可靠的解决方案。

三、数字素养

数字素养是能够适应信息和数字化时代发展需求的关键能力，它使个体能够认识、理解和利用数字资源。作为人的核心素养之一，数字素养特别强调在数字方面的生活技能。

以色列学者约拉姆·埃谢特－阿尔卡莱（Yoram　Eshet-Alkalai）首次提出"数字素养"一词，并将其概括为"理解及使用通过电脑显示的各种数字资源及信息的能力"，包括"图片—图像素养"（学会理解视觉图形信息的能力）、"再生产素养"（创造性"复制"能力）、"分支素养"（驾驭超媒体素养技能）、"信息素养"（检索、筛选、辨别、使用信息的能力）和"社会—情感素养"（共享知识，进行数字化情感交流的能力）五方面内容。[①] 随后保罗·吉尔斯特（Paul Gilster）指出数字素养远远不是简单的

---

① Eshet Y.Digital literacy:A conceptual framework for survival skills in the digital era.Journal of Educational Multimedia and Hypermedia, 2004, 13（1）：93-106.

阅读能力，而是能够使用并理解数字时代信息的能力，同时他还强调了数字技术作为"基本生活技能"的重要性。[①]2015 年，欧盟发布了旨在促进公民数字素养提升的《数字技能宣言》，将数字素养列为 21 世纪劳动者和消费者的首要技能，并推出了数字素养教育框架。欧盟于 2013 年发布了 1.0 版《欧洲公民数字素养框架》（DigComp1.0），随后又陆续发布了 2016 年 DigComp2.0、2017 年 DigComp2.1 和 2022 年 DigComp2.2。DigComp 认为"数字素养"是能够自信地、批判性地以及创造性地使用 ICT 技术，以实现工作、就业、学习、休闲、社会融入以及社会参与目标的能力。[②] 联合国教科文组织在参考欧盟 DigComp2.0 的基础上，制定并实施了更具地域广泛性和普适性的《全球数字素养框架》，将"数字素养"定义为"通过数字技术安全适当地获得、管理、理解、整合、沟通、评价和创造信息的能力，以有利于就业、体面工作和创业"，此外还提出了包含设备与软件操作、信息与数据素养、沟通与协作、数字内容创建、数字安全、问题解决和职业相关能力等在内的七大数字能力域以及 26 项具体能力的数字素养框架，以此来推动人们在数字时代对相关信息和服务的应用和理解。[③]

我国亦高度重视公民数字素养与技能提升问题。习近平总书记在中央政治局第三十四次集体学习时指出，"要提高全民全社会数字素养和技能，

① Gilster P. Digital Literacy. New York:Wiley, 1997: 25−48.

② European Commission. DigComp 2.2, The Digital Competence framework for citizens − With new examples of knowledge,skills and attitudes.［2022−12−08］.https://op.europa.eu/en/publication−detail/−/publication/50c53c01−abeb−11ec−83e1−01aa75ed71a1/language−en/format−PDF/source−268854425.

③ UNESCOCO. A Global Framework of Reference on Digital Literacy Skills for Indicator: 4.4.2.［2022−12−08］.http://uis.unesco.org/sites/default/files/documents/ip51−global−framework−reference−digital−literacy−skills−2018−en.pdf.

夯实我国数字经济发展社会基础"①。《中华人民共和国国民经济和社会发展第十四个五年规划和 2035 年远景目标纲要》强调要"加强全民数字技能教育与培训，普及提升公民数字素养"。2021 年，中央网络安全和信息化委员会印发《提升全民数字素养与技能行动纲要》，行动纲要使用"数字素养与技能"的说法，并将其定义为"数字社会公民学习工作生活应具备的数字获取、制作、使用、评价、交互、分享、创新、安全保障、伦理道德等一系列素质与能力的集合"②。此外，行动纲要还把丰富优质数字资源供给、提升高品质数字生活水平、提升高效率数字工作能力、构建终身数字学习体系、激发数字创新活力、提高数字安全保护能力、强化数字社会法治道德规范等作为全民数字素养与技能提升的主要任务与重点工程，针对产业工人、农民、妇女、新兴职业群体、领导干部和公务员等不同行为主体，提出一系列提升其数字工作能力的措施，有序提升全民数字素养。

　　数字素养并不是指简单的一种技能或能力，而是一种关乎所有人基本生活的、复合的、跨学科的重要技能，这种技能能够促使个体获得其他的一些重要技能（如语言、数学、学习方法、文化意识等），甚至标记为数字时代的生存技能或信息社会的重要资产。③数字素养作为"数字市民"建设的重要环节，在适应、跟进、引领、推动数字化转型和社会公共服务创新发展方面发挥着不可替代的作用。随着数字技术使用的普及和市民对数字化服务的逐步适应和依赖，以及对数字技术应用风险的担忧不断加深，

---

① 习近平在中共中央政治局第三十四次集体学习时强调把握数字经济发展趋势和规律推动我国数字经济健康发展．（2021−10−19）［2022−12−05］．http://jhsjk.people.cn/article/32258262.
② 中央网络安全和信息化委员会．提升全民数字素养与技能行动纲要．［2022−12−05］．http://www.cac.gov.cn/2021−11/05/c_1637708867754305.htm.
③ 孙旭欣，罗跃，李胜涛．全球化时代的数字素养：内涵与测评．世界教育信息，2020（8）：13−17.

全方位强化和深入数字素养培育成为打开隔阂之门的"金钥匙",有助于加快建设数字经济、数字社会、数字政府,以数字化转型整体驱动生产方式、生活方式和治理方式变革。一方面,当前数字经济发展不平衡、数字社会环境有待优化、数字鸿沟急需弥合,需要全社会乃至全世界共同协作,重视不同地域、各类人群的数字素养与技能的普遍提升。另一方面,市民化进程不断加快,市民化的城市公共服务覆盖面不断拓宽,不同人群会在不同程度、不同领域、不同时间以及不同空间接触和融入数字化,这个过程必然导致服务惠及程度的差异,因此有必要通过数字素养的培育来拓宽相对弱势的群体享受数字化服务的有效渠道,充分体现公共服务的"以人为本"和公平普惠原则。总的来说,我们需要培养出具有数字意识、计算思维、终身学习能力和社会责任感的数字市民,进一步促进全民共建共享数字化发展成果,更好适应数字时代发展潮流,积极迈向数字文明新时代。

四、数字权利

随着日常生活的信息化和数字化程度不断加深,市民在享受到智慧、便捷、普惠的城市公共服务的同时,仍然会遇到一些挑战,如数字鸿沟、算法歧视、算法黑箱、数据滥用、侵犯隐私等问题,影响市民的福祉利益。因此,在构建"数字市民"理论框架时,引入数字权利要素很有必要。

在以人为本的发展理念下,公平、公开、平等和非歧视是我们在现实生活中所追求的价值,同样也应在数字生活中得到体现。数字权利是市民在数字空间中的权利拓展,它反映了在数字化时代市民融入和适应数字生活、表达发展需求和公共服务需求的基本权利。与现实中的公民自主权、知情权、表达权、隐私权等权利相对应,"数字市民"领域的数字权利具体包括数据信息自主权、数据信息知情权、数据信息表达权、数据信息隐私权等数字维度的权利。这些数字权利的目的在于消解和应对信息鸿沟、侵犯隐私、算法歧视、监控扩张、知情权障碍等诸多难题挑战。[①]

数字权利在"数字市民"领域的应用可以有效避免数据混用、乱用和侵权问题。正如申卫星指出的，隐私、信息与数据三者的混用主要来源于信息技术的迭代发展打破了以往只存在隐私及其权利保护的单一化秩序，同时数字经济的蓬勃兴起促使数据的经济价值陡然增长，但数据与信息及相关权利的区别却尚未被充分揭示。[②]技术进步带来了新奇、便捷、效率、安全等诸多社会福利，同时也带来了大数据挖掘和算法决策等能够比人脑更迅速、客观、准确的决策方式。这使得市民的生活越来越依赖于数据、信息和算法，但却忽视其中潜藏的隐私侵犯、身份歧视、社会不公等问题，这些问题在日常生活中越来越频繁地发生。引入数字权利的目的正是为了让市民知晓自己的信息数据有哪些被采集、存放于何处、个人信息是否泄露，并使市民能够自主决定自己的信息数据可以被谁使用以及用于何种目的。这不仅保障了市民个人权利的不受侵犯，也有助于规范数字空间的秩序。

数字权利的行使受到市民个体在数字空间融入能力和数字素养水平的影响。因此，培育和提升市民的数字素养与技能，提高他们的数字权利意识至关重要。这样可以尽可能避免数字空间中出现"弱势群体"，并确保每一位市民能正常地行使数字权利。

五、数字安全

在城市公共服务中，"数字市民"通过使用多种新型数字技术展现出

---

① 马长山.智慧社会背景下的"第四代人权"及其保障.中国法学,2019（5）:5-24.

② 申卫星.数字权利体系再造：迈向隐私、信息与数据的差序格局.政法论坛,2022（3）:89-102.

智慧和智能的特征。传统的公共服务供给方式通常以业务为核心、以部门为主体、以信息为载体，缺乏云计算、人工智能、大数据、区块链等的基础支撑能力，导致服务效率低下、便捷程度不高。相比之下，"数字市民"融入智慧城市建设，将城市视为一个有机的生命体，通过准确把握市民对公共服务的需求信息，建立起城市运行中人、事、物和场景功能模块的有效连接，推动实现感知智能、计算智能和服务智能。这使得"数字市民"对数字安全的要求日益提高。

数字安全贯穿于"数字市民"建设和运行的整个过程，其基础是网络安全，核心是数据安全。

网络安全之所以是基础，是因为网络把"数字市民"连接成一个整体，促使公共部门与个人之间建立高度的关联和相互依赖关系。各个公共服务领域的网络基础设施建设、互联互通、网络技术创新和应用、网络安全保障体系的建立等都是"数字市民"网络安全保障的重要内容，也是"数字市民"建设的基础要求。"数字市民"体系要防范外界对网络的攻击、侵入、干扰、破坏和非法使用，同时也需要应对意外事故的发生，以确保网络的稳定可靠运行。在此基础之上，应进一步保障网络数据的完整性、保密性、可用性和真实性，从而提高数字化公共服务的安全性和精准性。

数据安全是核心的原因在于市民的身份信息、行为信息、需求信息等以数据的形式展现，并且数据在跨部门、跨层级、跨地区的汇聚、融合和深度利用中起着重要作用，数据直接决定了最终效果。我国高度重视数据安全问题，并且已经将其上升到法律层面。《中华人民共和国数据安全法》明确指出："数据安全是指通过采取必要措施，确保数据处于有效保护和合法利用的状态，以及具备保障持续安全状态的能力。"该法还要求"建立健全数据安全治理体系，提高数据安全保障能力"。相关政策文件中也多次提到公共数据安全，要求"扩大基础公共信息数据安全开放""加强数据安全评估""推进数据安全领域基础性立法""建立数据安全管理制度"。无论是哪个方面的数据安全，其根本目的都是规范数据处理活动，保护个人或组织的合法利益，维护发展利益。从数据安全的角度来看，"数字市民"的数据包括市民个人信息、政府相关部门的信息以及参与城市公共服务的企业组织的信息。在城市运行中，人、事、物和场景功能模块的有效连接需要依赖数据的安全贯通；大数据、云计算、人工智能等技术的分析应用也以数据安全为重要基础和必要条件；政府在决策制定过程中把数据安全作为重要参考，这充分说明数据安全已经成为社会运行中的重要议题。

总体上看，除了有基础层的网络安全和核心层的数据安全，数字安全还涉及应用层面的数字产品安全、数字服务安全、数字资产安全等方面。这些层面的安全问题都与市民的日常生活密切相关并且"看得见、摸得着"。因此，保障数字安全需要考虑多个方面，以打造一个安全的数字环境，确保"数字市民"体系的平稳运行。

第四节　基本特征

"数字市民"作为一个新兴概念，其意义和作用随着城市数字化改革的不断深入而愈加凸显。大数据、云计算、物联网、数字孪生等数字技术的融入和应用使其具备跨技术、跨部门、跨系统和跨服务领域的特点，涉及范围广泛。从整体城市公共服务的供给与需求的角度来看，"数字市民"的基本特征可以从以下三个方面进行讨论。

一、虚实结合，全面映射

（一）市民主体的数字展现

从字面意义上看，"数字市民"可以理解为"数字化的市民"或将市民"数字化"。然而，在实际中，"数字市民"是在市民主体的物理基础上，通过对其信息数据的采集、计算和分析，在数字空间中构建的精准数字化映射。因此，在数字时代，对市民而言，"数字市民"是市民个体的重要组成部分，是对市民的整体画像。将市民"数字化"的目的是对标"事"与"物"的数字化。当今时代，互联网和物联网分别已经或正在解决"事"与"物"的数字化问题，只有构建了完整的数字世界，包括"人""事""物"三个元素的齐全，才能使社会治理的主体、职能、范围和方法在物理空间和数字空间之间有所对应，实现社会治理的现代化。根据上文提到的"数字公民"的概念，"数字市民"也是市民在城市生活中权、责、利的数字化展现，它们以市民信息的使用方式和途径为实现形式，与物理世界中的权利和义务高度一致，从而实现虚拟数字空间与现实物理空间的深度融合。

如果将"数字市民"比作一个具有生物特征的人，那么数据就是这个"人"身上流淌的血液。然而，在物理世界中，市民产生的海量生活数据并不都是"数字市民"所需数据。过度采集市民信息数据将造成"高血压"，也就是信息过载的情况。这种情况远远超过了"数字市民"的数据需求和数据利用能力，以至于政府无法准确挑选和应用市民有效的信息，从而导致资源浪费和效率低下。根据《浙江省公共数据条例》的规定，"数字市民"所需数据应当是由具有管理公共事务职能的组织以及公共服务运营单位在依法履行职责或者提供公共服务过程中收集的市民数据。只有在严格遵守相关法律法规，并且尊重市民个人隐私的情况下采集市民相关信息，"数字市民"建设才能够合法合理地推进。

（二）全周期的共生演进

人要经历生、老、病、死，才算过完一生。同理，在理想的状态下，"数字市民"所实现的对市民的映射和同步状态也应该覆盖市民从出生到成长再到死亡的整个生命周期，并随市民生命周期的进展而不断演进更新。生物学上称该情形为"共同演化"，即持续变化发生在两个或多个相互依赖、单一的物种上，它们的演化轨迹相互交织，并且相互适应。[①]在"数字市民"与现实市民的共同演化中，"要求双方必须拥有改变对方适应特征的双向因果关系"[②]，同时也强调双方对一个环境的同时适应。这也就是说，"数字市民"与现实市民的全生命周期的共生演进，能够更全面且具体地映射出市民的生活发展动态。

共生演进是全面建设"数字市民"的必要条件，而实现全周期共生演进需要对不同人群进行实时跟进。对于"数字原住民"来说，他们从小生活在一个数字科技环绕的时代，并无时无刻不在使用信息技术进行信息交流和人际互动，他们的生活数据的变化能够实时映射到"数字市民"的信息库中，从而保证他们能够有效行使数字世界的市民权利。然而，对于"数字移民"来说，他们出生较早，在面对数字科技和数字文化时，必须经历并不顺畅且较为艰难的学习过程。帮助这类人群实现数字世界的权利时，需要采取综合措施，加强数字能力建设，并开展覆盖全民的数字素养教育，

---

① Jouhtio M.Co-evolution of Industry and Its Institutional Environment. Working Paper of the Institute of Strategy and International Business in Helsinki University of Technology, 2006.

② Murmann J P.Knowledge and Competitive Advantage:The Co-evolution of Firms, Technology, and National Institutions.Cambridge:Cambridge University Press, 2003.

以帮助他们摆脱困境，成为数字世界的真正成员。而对于"数字难民"，由于自身主客观条件的限制，他们无法准确地使用数字技术的各种功能，从而被动或主动地徘徊在数字门槛之外，如老年群体、贫困人群等。针对这一类人群，我们需要以需求为导向，突出市民特征和偏好，最大程度地提升他们的数字网络接入率和数字技术使用黏性，以适应其生活习惯的方式和方法引导和帮助他们跨过"数字市民"的门槛，使他们能够充分享受数字红利。

二、快速感知，精准识别

（一）实时同步的数字感知

随着城市空间的不断扩大和事物的复杂变化，以及市民的城市公共服务需求日益增长和新技术、新工艺、新业态、新职业等持续更新，全方位、多维度、实时同步地感知现实世界面临着巨大挑战。这个挑战是复杂且难以预测的。因此，我们需要构建一张全方位的感知网络，以应对因社会治理需求和市民服务需求的变化而带来的诸多难题。

"数字市民"通过建立一套完整的数字感知网络，以实现对市民的全方位感知和实时交互。在"数字市民"中，市民数据的采集、计算、分析以及相关功能服务的提供都依赖于数字感知网络。这种数字感知网络建立在信息基础设施、融合基础设施、创新基础设施等新型数字基础设施之上，它集连接、算力、存储、安全等功能于一体，为数字化感知提供支持。

实时同步的数字感知对于完善整个"数字市民"服务体系具有重要意义。它能够提升市民对城市公共服务的体验感，增强市民对现实世界的感知。通过数字感知，各种终端感应和生物识别可以实时映射市民的生活动态，更好地实现城市市民全要素数字化、全状态可视化，进一步助推相关管理决策智能化、科学化，使"数字市民"的作用得以具体落地。

（二）精准到人的智慧识别

城市市民需求中的痛点、难点、热点和焦点问题都可以被捕捉、记录和统计甚至被预测，这是"数字市民"的作用之一。"数字市民"的目标主体是人，服务对象也是人，因此，通过数字感知网络的精准感知，可以将服务需求精准地识别到市民个人，这成为全方位布局和完善"数字市民"服务体系的重要要求。

"数字市民"通过智慧识别能够为市民个人提供有针对性、个性化的服务，并将其快速精准地送达。城市生活的多元性和多样性深刻影响到医疗、教育、交通、养老、抚幼、助残、扶贫、就业、文旅等市民生活各领域。"数字市民"通过采集、计算和分析市民个人信息数据，形成其个人的"数字画像"，能够准确地反映和预测市民对社会公共服务的需求，并将服务精准定位到市民个人，实现"一人一策"，为他们提供智慧化和个性化的公共服务。

在精准到人的智慧识别方面，"杭州人才码"具有突出代表性。该项目为经杭州市认定的A—E类高层次人才提供全科服务、专享服务、双创服务、生活服务、区县服务等五大类27小类百余项人才专属服务。"杭州人才码"通过实现高层次人才"一人一码"多场景同码应用，使得人才政策"一键兑现"、人才办事"一站入口"、人才双创"一帮到底"、人才服务"一码供给"。依托各类线上公共服务事项和现有功能，"杭州人才码"以"最新""最准""最全"的定位，统筹整合了双创支持、人才落户、购房购车、医疗健康、子女教育等服务项目，实现了人才服务的一体化，进一步推动了人才治理的智能化、科学化和精准化发展。

三、数据通行，普遍惠及

（一）"还数于民"的数据善用

在数字时代，"还数于民"成为个人信息保护的核心理念，是建构"数字市民"身份的关键前提，同时也是数据流动的重要前提。"还数于民"是公民归集、管理、应用、运营个人数据的基础[①]，其目的在于政府、企业、个人共同参与，推进政府部门与各类市场主体之间数据的互联互通互信、开放共享，让每个公民在不断产生数据的同时拥有自己的数据资产，改变信息不对称的困境，为公民提供个性化、智慧化服务，发挥数据的最大价值。[②]

"还数于民"的关键在于数据善用。我国已经出台了《个人信息保护法》，该法对解决数据滥用、信息骚扰、隐私泄露等问题意义重大。该法规定了个人信息处理的基本原则，对政府机关与其他个人信息处理者采取了不同规制方式，以确保个人信息的合法处理和保护。此外，该法还明确了个人信息保护与促进信息自由流动之间的关系，以及在特定行业中的适用问题、敏感个人信息问题、行业自律机制、信息主体权利、信息交流问题和刑事责任问题等方面的条款。此外，《浙江省公共数据条例》也规定了公共数据开放的相关条件，其中明确规定在涉及个人信息的情况下，公共数据根据实际情形受限开放或禁止开放。这些法律政策的出台有助于规范相关主体行为和技术应用方向，对于数据善用和促进"数字市民"建设具有重要意义。

---

① 顾爱华，孙莹．赋能智慧治理：数字公民的身份建构与价值实现．理论与改革，2021（4）：47-57，154-155．
② 王晶．"数字公民"与社会治理创新．学习时报，2019-08-30（3）．

数据善用是确保"数字市民"公信力和执行力的关键所在。在数据善用的前提下，数据可以自由流动，打通"信息孤岛"，实现市民在物理世界和数字世界之间的映射与对接，使市民在两个世界中都畅行无阻。这是"数字市民"的重要特征，也是提升社会数字治理措施和公共服务模式的必然要求。

（二）平等普遍的高效服务

"数字市民"的目标是通过创新公共服务，增进民生福祉。通过充分运用数字化技术，以大数据为驱动，构建完善的"数字市民"运营服务体系，才能撬动公共服务和社会治理困境的支点，从根本上改变以往粗放式、经验式的社会治理和公共服务模式。在"数字市民"体系中，不断涌现的需求为云计算、大数据、移动互联网、物联网、人工智能、5G等新兴技术提供了应用场景和创新源泉，并形成了"技术系统、组织、数据"三者之间的正反馈机制。这样的机制可以实现"整体智治"的数字治理生态，使社会治理方式更高效、智能。

"数字市民"服务还体现在平等普惠上，即每个人、每类人群、每个地区的人都能最大限度地避免数字素养和数字能力的影响，享受到"数字市民"带来的便利生活，共享数字红利。为实现平等普惠，"数字市民"通过构建以市民需求为导向的，由大数据、云计算等数字技术推动的自下而上和自上而下相结合的公共服务创新体系，实现治理创新、技术创新、服务创新。这种创新体系使得市民可以自主选择线上途径或线下途径，平等地享受到城市公共服务。这是支撑"数字市民"的服务逻辑。

在新冠疫情期间，杭州开发出刷身份证或市民卡验健康码的应用，相比手机健康码的操作更为方便，可靠性也高。这种将交通码与疫情健康码、身份认证码三码合一的创新应用，在疫情期间大大提升了健康核验、实名认证、乘车支付的速度，给乘客和司乘管理人员带来了便利。该应用采用多种前端介质的方式，确保了各类市民群体的广泛参与，缩小了数字鸿沟。它能够代表广大公众的需求，有利于精细化管理，也有利于体现社会公平。这样的应用是"数字市民"平等普惠、高效服务的具体体现。

第五节 本章小结

　　本章对"数字市民"的本质内涵、基本要素、基本特征等进行探究。随着"数字市民"融入城市生活的各方面，市民的生活体验已经发生了根本性的改变。随着理论的不断完善，以及数字能力的不断提升和应用场景的不断丰富，"数字市民"建设俨然为城市治理创新和公共服务升级提供了新的解决思路。为了更好地推进"数字市民"建设，我们需要充分挖掘"数字市民"在产业融合、服务升级、改善民生、社会治理等方面的应用价值，使其系统地融入经济社会发展的每一个环节，并成为引领经济社会高质量发展的新引擎。相关论述将在后面章节展开。

　　然而，回顾"数字市民"的建设，其实际上是数字技术的应用和社会服务的转型升级。在其中，我们应当重视人的需求与技术应用之间的关系。人与技术之间存在一种矛盾关系，即人的发展需要同技术应用所涉及的人的隐私之间的矛盾。解决这一矛盾的关键在于用合法的制度、合理的标准去促进和约束，实现技术可控、可预判，使技术在合理的范围内成为为人类服务的工具。因此，从技术应用的角度来看，数字技术行业需要进一步完善基础设施建设，规范相关标准体系，加强数字隐私和安全系统建设，确保技术基础架构能够支撑服务应用，并保护用户隐私。同时，从社会治理的层面出发，需要完善数字技术相关法律体系和政策制度，健全管理机制，维持数字社会的竞争活力，保障市民权益，从而为技术创新和服务升级提供有效的制度保障。

第4章

"数字市民"的打造思路

    "数字市民"的概念和要素已经被提出，并且相关实践已经应用于日常生活中，城市市民已经感受到了其便捷性和智能性。然而，我们回到起点，需要明确"数字市民"是为谁而建、在何处建、怎么建以及以什么形式将其输出。结合"数字市民"的相关内涵，本章认为，在"数字市民"的建设和运行过程中，市民是受益主体，城市是空间载体，数字信任是底座支撑，公共服务是综合场景。因此，本章围绕市民、城市、数字信任和公共服务这四个要素，提出了打造"数字市民"的基本思路。

第一节　"数字市民"的受益主体：城市市民

一、城市市民的概念

马克思曾指出："人是全部人类活动和全部人类关系的本质、基础。"在建设"数字市民"的过程中，城市市民是目标主体，也是服务对象和受益主体。因此，我们必须明确城市市民的概念与范围，更好地规划和提供适应他们需求的城市公共服务，为其创造一个更美好的城市生活环境，进而推进以美好生活为导向的服务型社会的建设。

市民是一个非常庞杂的概念，其英文为 citizen 或 city resident，通常是指具有城市有效户籍和常住在市区的合法公民。在西方，早期的市民概念可以从社会契约论的角度进行诠释，即人们通过缔结社会契约建立城邦，城邦的组成成员就是市民。这一观点可以从罗马共和国时期的《市民法》中得到证实，《市民法》主要规范了国家即城邦中行政管理、诉讼程序、财产、婚姻家庭和继承等问题的解决方法。基于城邦的属性，彼时的市民是公共权力和法律基础之上的公共体的全体成员，更多地表现为政治意义和宗教目的，而非现代意义上的生产和生活方式概念。随着城市的扩张和资本主义的发展，市民成为生活在城市中，并"取得了给他以经营各种商业之权利的市民证书"的人[①]，他们不靠自己的农田来满足自己的粮食需求，而是主要依赖商品交换来维持生计。在这个意义上，市民等同于城市"商人"，他们追求不全面的自由、民主、平等、法治，强调个人利益和一定程度上的公共精神。在此基础上，黑格尔提出每个各自独立而又彼此相互依赖的

---

① 徐国栋. 论市民——兼论公民. 政治与法律, 2002（4）：7–19.

特殊个人即市民，他们以自身为目的，为满足发展需要，从他人处获得满足的手段又不得不生产满足他人的手段。[①] 这是抽象概念上的市民，将市民的范围扩展到在社会上以一定方式活动的人，而不仅仅局限于城市人。

我国在对于人的统一称呼上，概念上用得最多的是人民，即以劳动群众为主体的社会基本成员。我国宪法明确规定"中华人民共和国的一切权力属于人民"，这一规定也是人民一词在我国称呼国家国民时使用频次最高、含义最广泛、最权威的体现。相比之下，市民一词从古至今的出现频率并不高，甚至一出现就带有歧视和贬义。在我国古代，市民缺乏发展的机会和条件，受特殊的政治社会环境和"重农抑商"观念的影响，与市民直接相关的词有两个："市侩"和"市井小民"，两个词都指城镇里的居民百姓，但一个指势利的小市民，另一个则是自视身份优越于一般人的官员对老百姓的普遍称呼，两者都含贬义。随着新中国的成立以及政治经济体制的深入改革，社会主义市场经济体制得以建立，市民的概念也随城市地位的不断提高而逐渐消除了贬义，单纯指在城市生活的居民，没有特殊的政治含义。市民和农民在政治上被人民这一概念统一，在法律上被公民这一概念统一，这体现了市民在我国新时期的平等地位。然而，由于我国城市长期处于优先发展状态，城市的全局性谋划、功能性布局以及城市人口的安置与发展一直是城市建设的重中之重，与市民相关的问题也随之而来。

近代以来，城市原住民和大量涌入的劳动力、手工业者等逐渐融合成为现代意义上的市民，他们定居城市，不再拥有土地，具有合法的城市户籍，生活靠自己固定的职业给养。现代意义上的市民是指具有城市户口（身份）、居住在市区内（地域）、从事非农业劳动（职业）的合法公民。从身份上看，

---

① 黑格尔.法哲学原理.范扬，张企泰译.北京：商务印书馆，1982.

城市居民的首要条件是持有有效的城市户籍；从地域上看，市民是指居住和生活在市辖区或城区范围内的居民；从职业上看，市民是指从事非农业生产劳动的职业群体。随着我国城乡一体化建设的推进，农业转移人口市民化进一步深入，其生产生活方式及价值观念发生现代化转型，市民的规模和范围不断扩大，城市发展成果的享有者也不断增多，因此，需要进一步提升城市发展质量，以解决城市市民增多带来的一系列问题。而在数字化时代，"数字市民"建设也应当明确这一点，以城市市民为目标主体和服务对象，满足市民公共服务需求和城市发展需求，促进高质量发展。

二、以人民为中心建设人民城市

"数字市民"是城市治理数字化转型的产物。推进城市治理，既是为了人民群众，也需要依靠人民群众的支持和参与。因此，在打造"数字市民"的过程中，我们应坚持以人民为中心的服务理念，将人民的需求和利益置于首位，发展成果由人民共享，积极推动以人为核心的数字治理。

我国自古以来一直强调以人民为中心的发展理念，体现了"民本"思想的重要性。从《诗经·大雅·抑》中的"质尔人民，谨尔侯度，用戒不虞"，到《管子·牧民》中的"政之所兴，在顺民心"，再到《孟子·尽心下》中的"诸侯之宝三：土地、人民、政事"，人民至关重要。毛泽东在《论联合政府》中也明确指出："人民，只有人民，才是创造世界历史的动力。"人民不仅是社会发展的根基，也是衡量治理成效的尺度。因此，以人民为中心，通过建立配套的制度政策体系和数字技术体系，打造"数字市民"生态，全方位为"数字市民"赋魂、强基、健体，实现服务为民。

人民城市是以人民为中心理念在城市维度的体现，而城市数字化转型的核心追求是为城市使用者带来更多的便捷和更大的价值，更好地满足人民对美好生活的向往。在这一背景下，"数字市民"服务应以人民为中心，将这一价值逻辑与数字技术运用相结合，寻找最佳实现方式。其中，建设个人数据中心极其重要。个人数据中心应确保身份数据、内容数据和行为数据的安全、唯一、可信。同时，个人数据中心将数据实体存储在市民指定的存储空间当中，并为个人用户、平台机构、数据使用者以及政府监管机构提供数据要素的基本服务。每一位市民都能便捷地建立和管理好自己的数字身份，并利用数字身份进行个人数据的存储、发布、计算等处理工作，进而形成个人与个人、个人与平台之间的互相操作。① 此外，市民的数据空间在确保身份可信、隐私可控、资产安全的同时，又可以让数据中心成为信息孤岛之间的数据中转站和连接器，通过这种方式，不仅实现了"还数于民"的目标，还为政府部门提供了更加高效、安全的数据管理方式。

　　践行以人民为中心的"数字市民"服务理念，首先，要尊重市民隐私并强化个人隐私保护机制。市民的个人隐私是重要的资产，具有价值独特性，市民的身份信息和生活数据等隐私数据在数字化分析中形成数字映射，能够精确预测市民的个人需求和行为习惯。因此，必须加强对个人隐私的保护，要建立和完善隐私保护的法律框架，注重大数据时代隐私保护的道德伦理教育，鼓励技术创新，开发安全和隐私友好的技术工具和解决方案，有效防止个人隐私对个人和社会产生负面影响。其次，要加强适老化设计和提高数字化服务的普惠程度，确保老年人及其他弱势群体能够享受到同等的数字红利。经过多次老人因无法刷健康码而在公交、医院、商场甚至景点被拒之门外的事件后，国务院办公厅于 2020 年 11 月发布了《关于切实

---

① 网信河北 . 中国首个《个人数据中心白皮书》发布 .（2022-05-30）［2022-12-13］.https://baijiahao.baidu.com/s?id=17342381399974073789.

解决老年人运用智能技术困难的实施方案》，该方案明确规定不得将"健康码"作为唯一通行凭证，并提出了一系列解决方案，包括建设社区便民消费服务中心、老年服务站等设施，为无法使用智能技术的老人提供代购生活用品、外卖餐饮、代收代缴、挂号取药等服务。针对老年人的数字融入问题，国家随后采取了一系列部署和措施，包括发布规范性文件和制定标准等形式。因此，"数字市民"建设需要深入挖掘不同市民群众的公共服务需求，加强特殊群体的权利保障，确保公共服务的可及性，促进数字包容性和社会公平发展，推动社会的整体进步和繁荣。最后，提升数字素养，确保人们具备自主性能力。在数字社会，数字素养是适应数字社会特征的必要能力。为了普及数字素养，需要全社会建立有效的教育和培训体系，通过广泛的培训、教育和宣传活动提升整体民众的数字素养水平。同时要以确保人的自主性为首要前提，构建集从业者、使用者、管理者三方力量的约束体系，建设具有执行力的伦理约束机构，使数字伦理体系成为有约束力的约束体系，从而确保群众的利益不受损害，使数字技术成为赋能人的解放的有力工具。①

第二节　"数字市民"的空间载体：智慧城市

城市作为人类主要聚居地，是人类重要的生存空间和发展空间。在现代化进程中，数字化和智慧化已成为城市发展的重要特征。从发展趋势来看，城市化带来了信息化，信息化带来了数字化，数字化又带来了智慧化，智慧化是数字化发展到一定程度后的深度应用，要求全面透彻的感知、宽带泛在的互联、智能融合的应用以及以人为本的可持续创新。智慧化强调

---

① 许勇.坚持以人民为中心推进数字化治理.（2022-09-09）［2022-12-13］.https://theory.gmw.cn/2022-09/09/content_36014791.htm.

以人为本、市民参与和社会协同的开放创新空间的塑造，以及公共价值与独特价值的创造，从而进一步提高城镇化水平。

当下，无论是数字城市还是智慧城市，无论是建设服务型政府还是服务型社会，他们的内在要求都是探索和实践新的理念、模式和技术。通过利用现实社会中的信息数据为城市治理提供数据支持和智力支持，从而利用有限的资源尽可能有序、精准地满足城市中"无限"的社会物质需求和精神需求，进一步创造城市生活空间独特的公共价值。

一、智慧城市的概念

数字城市是城市发展的一个阶段，是城市信息化到一定程度后的城市数字形态。所谓数字城市，就是以计算机技术、多媒体技术和大规模存储技术为基础，以宽带网络为纽带，运用 3S 技术（遥感 RS、全球定位系统 GPS、地理信息系统 GIS）、遥测、仿真—虚拟技术等对城市进行多分辨率、多尺度、多时空和多种类的三维描述。[①]数字城市作为信息时代城市和谐发展的重要手段，为城市规划、智能化交通、网格化管理和服务、基于位置的服务、城市安全应急响应等创造了条件。[②]

智慧城市是数字城市的进一步发展，强调从行业分割、相对封闭的信息化架构迈向作为复杂巨系统的开放、整合、协同的城市信息化架构，发挥城市信息化的整体效能。[③]由于智慧城市涵盖范围广泛、内容体系繁杂，目前尚未形成统一的标准（见表 4-1）。

[①] 段学军,顾朝林,甄峰,等."数字城市"的概念、框架与应用.现代城市研究.2001（3）:61-64.
[②] 李德仁,邵振峰,杨小敏.从数字城市到智慧城市的理论与实践.地理空间信息,2011（6）:1-5,7.
[③] 宋刚,邬伦.创新 2.0 视野下的智慧城市.城市发展研究,2012（9）:53-60.

表 4-1 不同机构"智慧城市"定义

机构	"智慧城市"定义	来源
IBM	运用信息和通信技术手段感测、分析、整合城市运行核心系统的各项关键信息，从而对包括民生、环保、公共安全、城市服务、工商业活动在内的各种需求作出智能响应，为人类创造更美好的城市生活	《智慧的城市在中国》白皮书
中国住建部	智慧城市是综合运用现代科学技术、整合信息资源、统筹业务应用系统，加强城市规划、建设和管理的新模式	《关于开展国家智慧城市试点工作的通知》
中国国家发改委等八部委	智慧城市是运用物联网、云计算、大数据、空间地理信息集成等新一代信息技术，促进城市规划、建设、管理和服务智慧化的新理念和新模式	《关于促进智慧城市健康发展的指导意见》
欧盟委员会	智慧城市既重视信息通信技术的发展，又重视知识服务和基础应用的质量；既重视对资源的智能管理，又重视参与式、智能化的治理方式，多方面推动经济可持续发展和更高品质的市民生活	Smart Cities Ranking of European Medium-sized Cities
ISO（国际标准化组织）	在已建环境中对物理系统、数字系统和人类系统进行有效整合，从而为市民提供一个可持续的、繁荣的、包容性的未来	Smart City Concept Model-Guidance for Establishing A Model for Data Interoperability(ISO/IEC 30182:2017)
中国信通院	新型智慧城市是新时代贯彻新发展理念，立足于我国信息化和新型城镇化发展实际，全面推动新一代信息通信技术与城市发展深度融合，引领和驱动城市创新发展，提升城市治理能力和现代化水平，形成智慧高效、充满活力、精准治理、安全有序、人与自然和谐相处的城市发展新形态和新模式	《新型智慧城市发展与实践研究报告》

机构	"智慧城市"定义	来源
维基百科	智慧城市是指利用各种信息技术或创新意念，集成城市的组成系统和服务，以提升资源运用的效率，优化城市管理和服务，以及改善市民生活质量	维基百科网站
国家市场监督管理总局、中国国家标准化管理委员会	运用信息通信技术，有效整合各类城市管理系统，实现城市各系统间信息资源共享和业务协同，推动城市管理和服务智慧化，提升城市运行管理和公共服务水平，提高城市居民幸福感和满意度，实现可持续发展的一种创新型城市	《智慧城市 术语》（GB/T 37043-2018）

　　我国智慧城市的概念最早由住建部提出，到 2014 年，国家发改委、工信部、科技部、公安部、财政部、国土部、住建部、交通运输部八部委从数字化与技术的角度对其进行明确定义：智慧城市是运用物联网、云计算、大数据、空间地理信息集成等新一代信息技术，促进城市规划、建设、管理和服务智慧化的新理念和新模式。①2022 年 10 月，《新型智慧城市评价指标》（GB/T 33356–2022）经市场监管总局（标准委）批准发布，这是 2016 年原《新型智慧城市评价指标》（GB/T 33356–2016）发布后的首次修订。新评价指标较原版增加了"术语和定义"一章，其中对"智慧城市"的定义参照了 2018 年发布的《智慧城市 术语》（GB/T 37043–2018）这一国家标准，标准认为智慧城市是运用信息通信技术，有效整合各类城市管理系统，实现城市各系统间信息资源共享和业务协同，推动城市运行管理

---

① 发展改革委、工业和信息化部、科学技术部、公安部、财政部、国土资源部、住房城乡建设部、交通运输部 . 关于印发促进智慧城市健康发展的指导意见的通知：发改高技〔2014〕1770 号 .〔2022–09–08〕http://www.gov.cn/gongbao/content/2015/content_2806019.htm.

和公共服务水平，提高城市居民幸福感和满意度，实现可持续发展的一种创新型城市。

我国智慧城市建设经历了从试点示范到全面推广再到深化发展的过程，并不断向更高水平、更广范围和更深层次推进，逐渐实现了从单一领域到多领域的拓展和覆盖，以及从技术应用到管理服务的转变。随着人工智能、云计算等技术的发展，智慧城市建设将进入新的阶段，为市民提供更加智慧、便捷和舒适的生活体验。自 2011 年起，我国开始探索适合国情的智慧城市建设模式，以上海、深圳等城市为代表推进智慧城市建设试点，试点工作主要集中在电子政务、信息化建设等方面。从 2014 年开始，智慧城市建设进入全面推广和创新发展阶段，国家加强对智慧城市建设的支持力度，推动更多城市开展智慧城市建设试点工作，各地也开始探索新的智慧城市建设模式，例如杭州的"互联网+"模式、上海的"一网通办"模式、成都的"智慧交通"模式、深圳的"智慧城市+"模式等，这些新模式为智慧城市建设提供了新的思路和方向。2020 年以来，我国全面推进数字化转型，智慧城市建设不断深入，各地相继出台智慧城市建设方案，加快推进数字化、网络化和信息化，推动城市的现代化建设。

在城市公共服务领域，智慧城市的发展要求人和物相融合，强调以提升城市整体效益为导向，通过物联网、云计算、新一代移动通信技术等信息技术的应用来整合城市资源，为公众提供智慧化的服务和管理。在这方面，"数字市民"成为推进全方位建设智慧城市的重要突破口。通过已有的人群全覆盖、线上线下应用全覆盖（载体全覆盖）、区域服务全覆盖（地域全覆盖）等方式，以及区块链、大数据、云计算、人工智能等新型数字技术的运用，"数字市民"能够有机连接城市公共数据元，构建覆盖城市的"全面感知网"。在城市治理、产业服务、民生服务等公共领域,通过"数字市民",可以优化完善智慧城市建设基础设施配套,提高智慧城市的运行效率。同时,它也能推动城市不同服务领域的智能化发展,促进治理效益提升和产业升级。举例来说,通过"数字市民"建设,可以推动电子商务平台建设和各项信息技术应用的落地,加快建立完善的服务体系和全民信用管理体系。此外,通过加快智慧化生活的普及,可以在关键民生领域搭建起"全覆盖"的信息化运营服务体系;在教育领域,通过完善教育信息化创新发展体系,可以促进跨时空的在线学习,推动信息化对教学模式和学习方式的革命性变革。因此,"数字市民"建设有助于将智慧城市推向更高的台阶。

二、以未来社区为基本单元推动城市更新

未来社区作为共同富裕现代化基本单元,是推动共同富裕从宏观到微观落地的重要载体,既是共同富裕示范区建设的"细胞",也是共同富裕示范区建设的"缩影"。[①]浙江省在 2019 年的省政府工作报告中,首次提出了"未来社区"的概念,并出台了《浙江省未来社区建设试点工作方案》。方案明确指出要围绕人本化、生态化、数字化三大价值体系,打造未来社区的九大场景,包括邻里、教育、健康、创业、建筑、交通、低碳、服务和治理,以促进人的全面发展和社会进步。随后,浙江省在 2021 年进一步提出要把未来社区打造成"以人为核心的现代化基本单元和人民幸福美好家园",并"努力将示范区建设目标任务转化为群众生活家园的功能场景,推动共同富裕从宏观到微观落地"。[②]

---

① 庞超飞. 打造共同富裕现代化基本单元路径研究——以安吉县余村未来社区项目为例. 江南论坛, 2021(12):10-11.
② 袁家军. 扎实推动高质量发展建设共同富裕示范区. 求是, 2021(20).

从"数字市民"建设与未来社区建设的关系来看，两者相辅相成、相互促进。未来社区建设致力于满足不同类型居民的日常生活消费需求和行为活动特征，通过因地制宜打造特色化的生活场景，激励居民自我表达和自我实现，促进人的全面发展。而"数字市民"则能够高效推进未来社区场景的理念完善。通过对移动智能设备、社交媒体、传感器、智能城市模型等的整合，"数字市民"可以打破壁垒，实现虚拟与现实、居民与居民、社区与居民、居民与城市之间的互联互通。比如通过"数字市民"的大数据管理和全周期服务，可以整合社区内各个复杂系统和各类资源要素，完善全生活链和全功能链，助力打造"邻里互助生活共同体"（未来邻里场景）、"终身学习教育综合体"（未来教育场景）、"全民康养健康保障体"（未来健康场景）、"畅快出行交通衔接体"（未来交通场景）、"优质生活智慧服务体"（未来服务场景）等，进一步构建美好生活蓝图。

未来社区建设围绕"三化九场景"展开，旨在全方位打造出一个完整的居民生活生态体系，使居民的生活动态能够直接可视化呈现在较小的空间范围内，充分满足市民的服务需求，提高市民的幸福感和获得感。在这一过程中，大数据、人工智能、云计算、区块链、物联网等一大批数字科技发挥着重要作用，特别是在智慧教育、智慧交通、智慧医疗、数字治理、智慧物业等应用场景的探索中。因此，未来社区建设有助于完善"数字市民"的内涵与核心要素，并为"数字市民"的实施提供有效的数据支持和空间载体，解决城市治理中的数字鸿沟、信息壁垒、信息不对称等问题，实现政府服务机制、市场供给机制和社会需求机制的良性互动和有序衔接，以满足社会治理和公共服务的需求。

第三节　"数字市民"的底座支撑：数字信任

一、数字信任的概念

数字信任源自"网络信任体系"中的"网络信任"，是一种覆盖范围更广、服务领域更全的信任形态。我国高度重视数字信任或"网络信任"，早在 2003 年，我国第一次以中央文件的形式在《关于加强信息安全保障工作的意见》中明确提出要加强网络信任。文件中指出，要建立协调管理机制，规范和加强以身份认证、授权管理、责任认定等为主要内容的网络信任体系建设。2006 年，《关于网络信任体系建设的若干意见》发布，用以指导网络信任体系建设相关事项，该意见还明确网络信任体系是以密码技术为基础，以法律法规、技术标准和基础设施为主要内容，以解决网络应用中身份认证、授权管理和责任认定等问题为目的的完整体系。同年，《国家中长期科学和技术发展规划纲要（2006—2020 年）》将基于数字身份的"网络信任体系"列为"信息产业及现代服务业"这一重点领域优先主题的子项。网络信任在我国网络建设中的重要性可见一斑。

随着网络信任逐渐发展演化为数字信任，其内涵价值也得到了进一步的拓展。Gartner（高德纳）的报告曾提出，数字信任是传统信任模型的演变，它不仅仅是建立企业、人与物之间的信任，其核心还在于在数据、程序代码和软件的开发实践中建立信任，具体包括四个方面：一是个人、企业、业务或其他实体就是它本身，或者与它们所声称的身份一致；二是它们可以代表自己，也可以由另一个实体忠实地代表；三是它们在数字世界互动中能够允分表达自己的意愿；四是它们以真实、可预测、可靠、安全、合规、符合道德、尊重隐私的方式行动。[①]普华永道的报告认为，建立数字信任不仅仅是个优选项，更是不可或缺之举，科技企业发展和传统企业数字化转型的关键要点在于要使网络安全规划与业务发展目标相匹配，共同构建数字信任。[②]美国网络安全公司 SUBEX 将数字信任定义为"一种使用户能够以安全、合乎道德和可靠的方式进行业务交易的概念"。2020 年，上海市数字证书认证中心有限公司联合赛博研究院发布《面向城市数字化转型的数字信任体系建设》报告，基于网络安全学科视域，报告认为数字信任是指"一切链入 / 映射到数字空间的网络实体，基于数字身份识别、可信数据流通和网络安全能力验证形成的正向预期，以及由此产生稳定数字交互关系的活动"，另外，报告首次提出了"数字信任体系"这一概念，将其定义为"是以可信数字身份验证和可信数据流通为核心，聚焦新型网络安全风险和数字治理难题，通过制度标准、技术创新、产业生态等多维度建设，最终实现身份信任、数据信任、算法信任、能力信任、规则信任等五大建设目标的数字时代信任模式"[③]。

信息革命推动的数字经济，一定程度上淡化了传统社会中人们的日常交往需求，使得建立在人际交往基础上的传统信任关系演变为新型数字信任关系。[④]在当今的城市生活中，通过一部智能手机，人们可以很大程度上

---

①Gartner.Digital Trust—Redefining Trust for the Digital Era:A Gartner Trend Insight Report.（2017－05－24）［2022－12－12］.https://www.gartner.com/en/documents/3727718.

② 普华永道 .2019 年数字信任洞察之中国报告 ,2019－09－17.

③ 上海市数字证书认证中心有限公司，赛博研究院 .面向城市数字化转型的数字信任体系建设 .（2020－12－30）［2022－12－12］.https://www.sheca.com/industry/425af98ccaad4388a5cfe12e73117dc7.

④ 数字信任当以人为本 .人民日报 ,2020－11－16（6）.

满足出行、就医、教育、购物等需求，同时政府的行政审批和补贴申领等公共服务也能通过智能手机与当事人精准对接。这些不仅依赖于技术的实现，还依赖于数字信任的构建。市民的生活记录所构成的一系列数据，塑造了数字社会中全新的信任关系，即数字信任。然而，由于部分社会群体不擅长使用智能手机或没有足够多的相关生活记录，导致其在数字社会中无法产生相应的信用数据，给工作和生活带来了诸多不便。这是数字信任对传统信任带来的冲击。为了实现数字信任对所有人群的全面覆盖，必须在注重技术性的同时，确保"以人为本"的数字信任体系的建立。

数字信任是数字空间中个人、企业和政府基于数字技术建立的数字身份识别的双向交互的新型信任关系，是人际信任和制度信任的拓展，是可信数据流通的必然要求。[①] 在加快数字化发展的国家战略下，构建数字信任是至关重要的。为了有效推动城市公共服务的发展、促进城市数字化转型，我们需要建立一个可靠、安全、透明的数字环境，为"数字市民"发展提供可持续的支持和保障。

在加强法律法规建设上，制定和完善相关的法律法规，明确数字领域中各类主体的权责义务，加强数据保护和隐私保护的法律框架，规范数字身份的管理和使用，以确保数字环境的合法性和可信度。加强数字安全体系建设包括加强网络安全和信息安全的防护措施，建立健全数字身份认证和授权机制，推动密码学、区块链等技术的应用，确保数字身份的安全性和防止身份冒用等风险的发生。在建设可信的数字服务平台和机构上，通过建立可信的数字平台，为用户提供安全、可靠的数字服务，加强数据的

---

① 欧阳日辉 . 数字经济时代新型信任体系的构建 . 人民论坛，2021（19）：74-77.

保护和管理，确保数据的完整性和可靠性；同时，培育和发展可信的数字服务提供商，促进市场的竞争和创新，为用户提供更好的选择和体验。在加强数字教育和培训上，提高公众对数字化的认知和理解，培养数字化时代的安全意识和技能，使每个人能够更好地保护自己的数字身份和数据，并正确使用数字技术和服务。

二、以可信数字技术构建数字信任

在"数字市民"中，数字身份作为实体参与者在数字世界中的身份标识，为数字信任的建立提供了实质性的基础。通过数字身份认证体系的有效运作，确保了用户身份的真实性和可信度，为数字交流、交易和合作建立起可信的基础。同时，数字信任也为数字身份提供了信任和可靠性的支持。在数字环境中，建立可信的机构、规范和技术手段，可以确保数字身份认证的可靠性和安全性，使用户能够信任和依赖数字身份的认证结果。数字信任与数字身份的相互依存、相互促进，构建了数字化时代的安全、可信和高效的交互环境。这种可信的交互环境为数字社会的各个领域，包括"数字市民"的发展，提供了稳定和可靠的基础，推动了城市公共服务的进一步发展和创新。

数字身份是数字政务和未来可信互联网的"通用基础设施"，为"数字市民"提供了重要支撑。随着社会的进一步发展和数字化改革的深入推进，数字身份已不再是简单的数字化市民身份、身份证或身份标识，而是涵盖市民用户标识、能力、属性和行为的多要素集合。该集合的映射主体是市民，也归属于市民个人或市民集体。因此，有必要打造市民自主主权身份的数字身份，实现用户对该数字身份的真实控制。随着数据环境的改善和区块链技术的成熟，以个人主体为对象，围绕数据、业务、安全三个维度，构建个人主体相关数据及其关系的数据集合，打造"个人数据空间"，使数字身份的自主权回归到个人，这是"数字市民"建设的必经之路。

王焕然等人指出，"区块链技术使数字身份的自主权回归个人。自主主权身份是指由用户个人完全控制的数字身份管理模式。用户是身份管理的中心，在用户同意的情况下实现跨区域身份的互操作性，实现用户对该数字身份的真实控制，进而实现用户数字身份的自主权。自主主权数字身份还允许用户提出声明，如能力信息、职业信息、学历信息等。通过数字身份和区块链的结合，身份验证和操作授权都得到了有效解决，可信的数字身份体系自然成为区块链系统应用场景中不可或缺的部分。"[1] 当数字身份建立完成，社会服务系统可以访问安全可信的个人数据空间，并结合生物识别、实名认证、电子认证等技术手段，最终实现社会服务模式的转型与升级。

在数字信任领域，区块链、大数据、人工智能等数字技术的应用已取得了初步进展，并正在为新的数字时代作出贡献。区块链技术是利用块链式数据结构来验证和存储数据、利用分布式节点共识算法来生成和更新数据、利用密码学的方式保证数据传输和访问的安全、利用由自动化脚本代码组成的智能合约来编程和操作数据的一种全新的分布式基础架构与计算范式。[2] 区块链技术能够跳开第三方"中介"，实现信息数据的高效传递，通过提供较好的信息数据所有权、完整性以及可追溯性等保护机制，有效解决"信息无源""数据裸奔"等问题。首先，区块链可以过滤掉不真实、伪造和无价值的数据，留存可信、可靠和有价值的数据，净化了数据环境。

① 王焕然, 等. 数字化改革：场景应用与综合解决方案. 北京：机械工业出版社, 2021.
② 工信部. 中国区块链技术和应用发展白皮书 2016.（2016-10-18）［2022-12-13］.http://www.199it.com/archives/526865.html.

其次，区块链可在多方参与场景中进行可信数据的高速共享，也可通过防止篡改原始数据，控制数据泄露的风险，助推产业数字化的数字信任体系建设。最后，区块链还可保证数据选择性披露、保证数据的可追溯和不可篡改、实现数据"可用不可见"，保证多方数据的安全性和私密性。[①] 在这些基础上构建的数字身份，能够有效保证"数字市民"的建设效益。

目前，区块链技术已广泛应用于金融服务、智能制造、供应链管理、数字资产交易、社会公益、教育就业等多个领域，并产生巨大影响。在"数字市民"中，基于区块链等数字技术打造的数字身份系统，可以与政务、便民、公共服务、养老助残、医疗、人力资源和社会保障、教育、民政、住建等业务系统进行数据共享和联动，实现高效协作的政务联动协同管理。身份信息的安全共享、政务服务的无纸化跨部门审批、"零跑腿"便民服务的升级以及城市对市民的诚信管理等，将在"数字市民"的数字身份系统中得到完美实现。

第四节　"数字市民"的综合场景：城市公共服务

一、城市公共服务的概念

从服务供给的权责分类来看，公共服务包括基本公共服务、普惠性非基本公共服务两大类。其中，基本公共服务是保障全体人民生存和发展基本需要、与经济社会发展水平相适应的公共服务，非基本公共服务是为满足公民更高层次需求、保障社会整体福利水平所必需但市场自发供给不足

---

① 屈宏志.关于构建基于区块链技术的数字信任体系的思考.当代金融家，2022（4）:79-82.

的公共服务。此外，为满足公民多样化、个性化、高品质服务需求，一些完全由市场供给、居民付费享有的生活服务，可以作为公共服务体系的有益补充。[①]城市公共服务兼具城市特性与公共服务特征，是公共服务在城市中的实践。随着城市发展进入数字时代，数字赋能使城市公共服务从原本的物理空间转向数字空间，实现物理空间服务和数字空间服务互动融合。"数字市民"聚焦城市生活领域，致力于打造市民群众数字生活场景，实现城市公共服务的"智"与"惠"双向融合贯通。均衡可持续的城市公共服务能为社会的稳定发展提供有力保障，并为实现更高质量和更高水平的城市治理提供有效突破口。随着社会从单一均质向多元异质转变，人民群众对社会公共服务的需求也逐渐趋向复杂多元化。因此，如何及时甄别和有效回应群众需求成为政府工作的重点之一。公共服务数字化作为解决这一问题的突破口之一，在技术支撑、形式探索以及体系优化等方面不断推进，促进了城市公共服务均衡、包容、可持续发展。

在城市公共服务数字化过程中，将"以人为本"作为数字化公共服务的首要准则至关重要。这意味着数字化公共服务应该实现"智"与"惠"的双向融合贯通，将数字技术应用与人文关怀有机统一起来。

"智""惠"融合体现在诸多方面。其一，公共服务是多方协同的，其质量和效益是多个部门协同作用的结果，因此公共服务应该实现部门协同和业务融合。其二，传统的公共服务形式往往受制于繁琐的程序，导致服务延迟，而即时服务已成为公共服务需求的重要变化趋势。因此"智"

---

① 国家发展改革委等 21 部门 . 关于印发《"十四五"公共服务规划》的通知 . 发改社会〔2021〕1946 号 .（2022-01-10）［2022-12-09］.https://www.ndrc.gov.cn/xxgk/zcfb/ghwb/202201/t20220110_1311622.html.

与"惠"的融合也体现为将迟滞的服务转变为即时服务。其三，"智""惠"融合要求即时精准，公共服务在具备标准性和普适性的同时，还应具备精准性，其服务对象和服务内容的指向性更加明确，其服务质量也就会更大程度地实现既定目标。其四，数字化公共服务应与群众形成良好的互动，群众根据所获得的公共服务信息，通过有关的信息反馈渠道与政府等部门进行数字化沟通，从而建立服务提供者与需求者之间的良性互动关系，这将使相关单位能更好、更便捷地为公众提供服务，提升公共服务水平，增强公众的获得感和幸福感。为实现这些目标，需要以群众的公共服务需求为中心，持续在医疗、教育、文化、就业、社保、基础设施等公共服务领域发力，提升公共服务的质量与效率。

当下，我国社会的主要矛盾仍是"人民日益增长的美好生活需要和不平衡不充分的发展之间的矛盾"。因此，通过数字化手段建立一个以需求为导向的、形式多元的新型公共服务模式和体系，以有限的公共资源满足群众对美好生活的需要，成为城市公共服务"智""惠"融合的立足点和出发点。2022年，国务院办公厅印发《关于加快推进"一件事一次办"打造政务服务升级版的指导意见》，明确指出要坚持需求导向、系统集成、协同高效和依法监管，推进个人全生命周期相关政务服务事项"一件事一次办"。具体而言，个人全生命周期"一件事一次办"围绕个人从出生到身后全生命周期的重要阶段，梳理集成同一阶段内需要办理的多个单一政务服务事项，为群众提供新生儿出生、入园入学、大中专学生毕业、就业、就医、婚育、扶残助困、军人退役、二手房交易及水电气联动过户、退休、身后等集成化办理服务，切实提升群众办事便捷度，减少跑动次数。[①]这体现了公共服务注重质量和效率的重要方面。早在 2016 年底，浙江省就率先提出"最多跑一次"改革，通过"一窗受理、集成服务、一次办结"的服务模式创新，实现了群众到政府办事的"最多跑一次"目标。随后，"最多跑一次""一网通办""一网统管""一网协同""接诉即办"等改革创新在全国范围内得到推广，公共服务效率得到进一步提升。

在数字化时代，数字化公共服务的发展已经具备网络化、便利性、回应性、集成化、个性化、互动性、透明化、高效化等特征[②]，这对提升公共服务能力、提高公共服务质量、降低公共服务成本有明显作用。以具体城市为例，北京市统筹推进"民、企、政"融合协调发展的智慧城市 2.0 建设，要求聚焦高频难点民生问题，增强科技赋能，提升公共服务质量和民生保障能力，创造"智慧生活新体验"；上海市提出要建设一个融"创新""温度""绿色"于一体的智慧城市、人文之城；而杭州市则提出了"数智杭州·宜居天堂"的未来发展导向和核心城市功能。这些城市的发展规划将数字科技发展与便利城市生活、提升政务效能、促进经济发展等方面相融合，从而提升了公共服务"智""惠"融合的深度和广度。

二、以普惠均等实现公共服务价值

社会经济的正常运行离不开社会服务的供给。在宏观层面，社会服务可以分为公共服务和商业服务，二者共同构成了促进社会运行的重要因素，

---

① 国务院办公厅.关于加快推进"一件事一次办"打造政务服务升级版的指导意见:国办发〔2022〕32 号.（2022—10—03）〔2022—12—09〕.http://www.gov.cn/zhengce/content/2022—10/03/content_5715693.htm.
② 郭琦.智慧城市视野下的数字化公共服务思考.学理论，2020（2）：63—64，91.

推动着社会的良好发展。然而，二者之间的区别在于，商业服务的目的是"利"，而公共服务的目的是"惠"，即公共服务具有普惠、优惠、实惠的特征，并不以营利为目的，因为公共服务所使用的资源是公共资源，是公共产品。公众对公共服务的需求主要体现在对公共产品的获取上。作为公共需求的载体，公共产品与公共服务的开放性、平等性与普惠性不仅能够在满足社会和公众需要时产生合适且持久的公共效用，更能促进社会主体形成统一的公共认知以及具有公共利益导向的行为规范，这是数字政府进行公共价值生产的正义性所在。[①]

公共服务的"惠"体现在普惠均等，这意味着人群普遍受益、权利均等以及全领域覆盖。在政策文件中，我们可以看到"普惠"和"均等"的体现。在国家层面，《"十四五"数字经济发展规划》提出要提升社会服务的数字化普惠水平，例如，加强信息无障碍建设，提升面向特殊群体的数字化社会服务能力；促进社会服务和数字平台深度融合，探索多领域跨界合作，推动医养结合、文教结合、体医结合、文旅融合等。党的二十大报告提出，到 2035 年，基本公共服务要实现均等化，这是我国发展的总体目标之一。2023 年 2 月，中共中央、国务院印发《数字中国建设整体布局规划》，规划提出要构建普惠便捷的数字社会，促进数字公共服务的普惠化，推进数字社会治理的精准化，普及数字生活的智能化。在浙江省层面，2021 年出台的《浙江省数字政府建设"十四五"规划》指出，要构建优质便捷的普惠服务体系，促进公共服务智慧均等，比如实施数字生活新服务行动，加快推动生活性服务业数字化、智慧化；推出适应老年人、残疾人等特殊人群需求的智能化服务；以社会保障卡为载体，探索建立居民服务

---

① 王晨. 基于公共价值的城市数字治理：理论阐释与实践路径. 理论学刊, 2022（4）: 161–169.

"一卡通",加快长三角地区居民医疗卫生、交通出行、旅游观光、文化体验等领域率先在浙江实现同等待遇等。2022 年,《浙江省人民政府关于深化数字政府建设的意见》提出要构建优质普惠的数字化公共服务体系,全面提升公共服务的数字化和智能化水平,不断满足企业和群众多层次多样化的需求,解决群众和企业急需克服的问题,打造普遍可及、智慧便捷、公平普惠的数字化服务体系。2023 年,《浙江省政府工作报告》提出要建设数字社会,积极开发各类供需匹配的重要应用,加快推进数字公共服务的普惠化、数字社会治理的精准化和数字生活的智能化。这些政策都致力于提升公共服务的普惠性和均等性,为公众提供更加便捷高效优质的公共服务。

同时,数字化公共服务的"惠"方面已经取得了显著的成效。从城市的具体服务来看,以杭州市为例,市民可以使用市民卡(社会保障卡)乘坐公交、地铁及水上巴士,并享受线路票价的 9.1 折优惠。此外,杭州市还推出了面向新引进应届大学毕业生的"大学生青荷码",提供租房补贴、生活补贴、公共交通代金券、文化旅游年卡等福利,使得年轻人能够更好地融入城市生活。从群众体验来看,在数字医疗服务方面,80% 左右的受访者了解本地提供线上缴费、自助机缴费、线上查询检验报告、线上预约挂号等数字医疗服务,67.7% 的受访者表示在本地使用过线上医疗缴费服务;在数字交通服务方面,受访者中对公共交通扫码支付、交通信息实时推送服务表示非常满意的占比相较 2021 年分别提高 9.8 和 7 个百分点;在数字文化服务方面,在关注数字文化服务的受访者中,近 90% 的受访者表示本地能够提供线上文化活动,超过 80% 的受访者表示本地能够提供数字图书馆、数字博物馆服务;在数字适老化服务方面,近 65% 的受访者知晓本地采取多种举措促进老年人融入数字生活，80.6% 的受访者表示本地社区开展过针对老年人的防诈骗宣讲、网络安全讲座等活动，近 60% 的受访者表示在政务大厅等场所有专人帮助老年人进行线上 / 自助业务操作。[①] 这些充分表明我国正大力推动公共服务发展，健全完善公共服务体系，持续推进基本公共服务均等、普惠，促进人的全面发展和社会的全面进步，在实现"数字市民"目标的道路上不断向前迈进。

第五节　本章小结

本章从四个大的思路方向对如何打造"数字市民"展开了论述。总体而言，打造"数字市民"是一项复杂而系统的综合性工程，涉及面广且涉及因素多，无法毕其功于一役，需要从理论到实践、再从实践到理论，逐步推进。在理论层面，需要明确"数字市民"的受益主体、空间载体和底座支撑；在实践层面，需要明确如何在城市已有公共服务基础上推动"数字市民"应用场景的实际落地，进而有效推进产业融合、民生改善，提高社会治理的现代化水平。从更高层面看，"数字市民"将帮助每一个城市市民树立数字意识和数字观念，建立数字身份和数字信任体系，培养数字素养，提升数字技能，让他们更好地融入数字社会，享受数字红利，而这必将深刻影响市民的生产生活方式，甚至重塑城市社会结构。因此，我们有必要一步一个脚印地理清其中脉络，进一步探索"数字市民"的智惠实践和发展路径，完善"数字市民"的建设闭环和服务闭环。

---

① 国家互联网信息办公室 . 数字中国发展报告（2022 年）.（2023-05-23）［2023-05-28］.http://www.cac.gov.cn/2023-05/22/c_1686402318492248.htm.

第5章

"数字市民"的智惠实践

　　"人民城市为人民"，城市公共服务的目的在于最大限度地满足人民群众的需要，"数字市民"进一步推动城市公共服务朝着数字化、智能化、便捷化方向快速发展，增强群众获得感、幸福感、安全感。关于"人民群众有哪些需求"这个问题有一个很经典的解释——马斯洛需求层次理论，该理论由美国第三代心理学开创者亚伯拉罕·马斯洛（Abraham Harold Maslow）提出，其基本内容是将人的需求从低到高依次分为生理需求、安全需求、社交需求、尊重需求和自我实现需求。数字化改革发展至今，我们会发现，数字化改革过程中诞生的应用场景基本符合马斯洛需求层次理论的规律，"数字市民"也不例外（见图5-1）。反过来，"数字市民"的智惠实践也丰富了马斯洛需求层次理论，为研究我国城市公共服务数字化改革提供了理论借鉴。

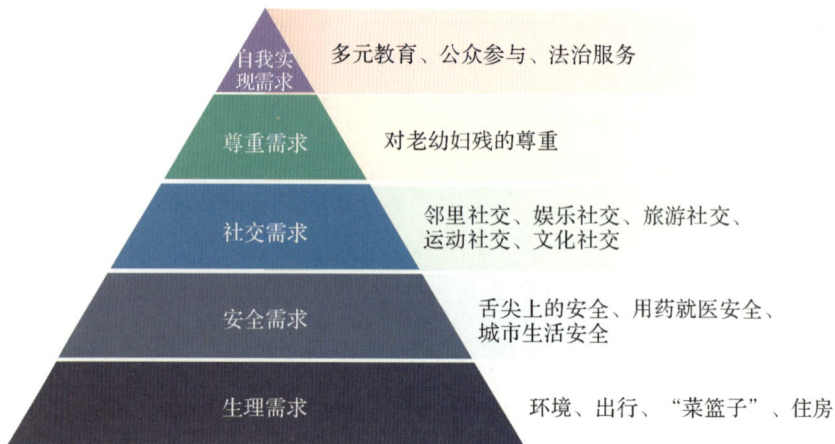

图5-1　需求层次与市民需求类型分类

第一节　对衣食住行的生理需求

生理需求主要是市民衣食住行等基本生活需求，是人们最基本、最起码的需求。在"数字市民"生理需求的实践中，我们列举出了环境需求、出行需求、"菜篮子"需求以及住房需求四类基本需求。

一、环境需求

城市作为人们工作生活的栖息地，城市环境的好坏直接反映出一个城市的文明程度和宜居程度。市民向往优美的生态宜居城市，而城市的智慧化和便捷化则进一步提升了城市的品质和吸引力。

（一）生态型城市

生态环境是最普惠的民生福祉，能够影响人们的发展与身心健康。浙江积极开展蓝天、碧水、净土、清废四大攻坚战，并不断深入推进生态环境领域的数字化改革。公众是生态环境好坏的最直接感受者，环境满不满意群众说了算，根据相关调查数据，2022 年，浙江省生态环境公众满意度总得分为 86.02，比 2021 年提高 0.21，连续 11 年呈现提升态势（见图 5-2）[①]。

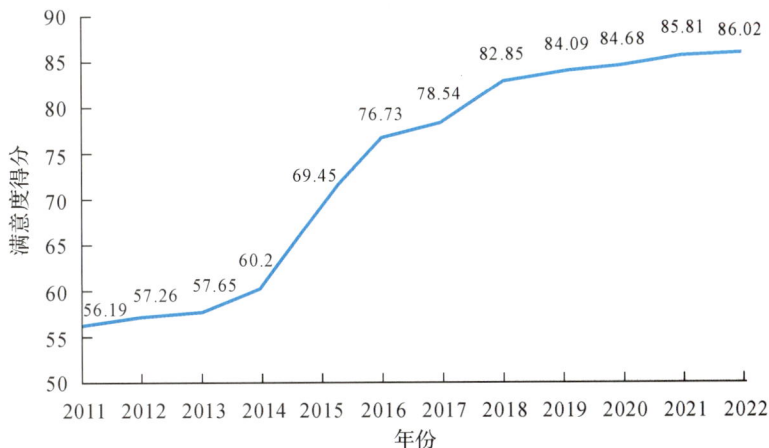

图5-2　2011—2022年浙江省生态环境公众满意度

公众满意度的提升离不开各个城市在生态文明建设上的努力，以杭州市为例，2021 年，杭州市生态环境局上线"生态智卫"大场景，包含"空气卫士""秀水卫士""生态卫士""环保智管服""督察在线"等子场景，覆盖"气、水、土、废、生态、碳"等生态环境要素。"空气卫士"和"秀水卫士"场景实时掌握杭州全域空气、水环境状况，"空气卫士"场景已汇聚自动监测站点、污染源监控点以及各部门相关数据约 938 万条，整合全域 277 个空气自动站、445 个废气排口、2045 个工地扬尘、近 10 万辆重

① 浙江省生态环境厅微信公众平台. 我省生态环境公众满意度连续 11 年提升 . （2022-12-01）[2022-12-20] .https://mp.weixin.qq.com/s/qc38H1A6LzEfgyzcfmmZNA.

型柴油车 OBD（车载自动诊断系统）等相关在线数据；"秀水卫士"场景汇聚了 620 万条数据，整合全域 204 个水环境自动监测站、14 个湖库藻类浮标站、688 个废水排口、138 个入河入海排污口等相关在线数据，以及市建委农村污水处理、城投排水管网与溢流口、城管闸泵站等相关数据。[①]"卫士"系列场景基于全市汇聚的生态环境立体感知网，当监测点位数据异常时自动报警，结合历史监测、气象条件、污染源信息等部门共享的多源数据，线上线下联动进行信息溯源辅助分析，以使问题更明确、处置更精准，将处置任务派发至基层，完成后通过系统反馈结果，形成闭环。"环保智管服"场景通过实时采集高频动态更新的在线监控、执法检查、应急管理、行政处罚、环境信用评价、排污许可证等环保业务数据，协同电力部门用电监控数据、信访部门信访投诉数据、市场监管"双随机、一公开"数据，动态反映企业环境管理水平和企业环境安全风险状况并生成三色码，"绿码无事不扰，黄码加强监管，红码重点管控"，2021 年以来该场景已覆盖杭州全市 99% 的排污企业，共计 1.2 万余家，通过"环保智管服"逐步构建起人防、物防、技防相结合的环境污染问题发现机制，多元联动的监管网络让杭州的环境污染问题发现能力得到全方位提升。"督察在线"场景将中央生态环保督察反馈的问题和信访件等反映的信访问题，综合采用视频监控、无人机航拍、单兵传输等手段进行实时跟踪、及时督办，确保整改提质增效。

---

① 钟兆盈. 构建空天地一体化感知体系 杭州打造生态环境领域数字化建设样板. 中国环境报，2022-11-25（4）.

　　近年来,"数字市民"打造生态型城市的创新实践遍地开花,通过类似"杭州·生态智卫"这样的应用场景,城市决策者能够实现城市生态环境一张网立体感知、大数据精准溯源、网格化指挥调度、全流程闭环管理,从而推动城市环境品质提升、城市环境更宜居宜业。市民作为城市发展的主体和良好生态环境的受益者,城市生态环境质量明显改善将带来人民群众的满意度和获得感的显著提升。数据显示,杭州生态环境公众满意度得分从2017 年的 75.89 提升至 2021 年的 82.92,15 年间蝉联中国最具幸福感城市,被评为全国唯一的"幸福示范标杆城市"。另外,环保投诉量也是衡量城市环境质量好坏的"晴雨表",2021 年杭州市环境信访投诉量为 12246 件,较 2020 年下降 10%(见图 5-3)。[①]

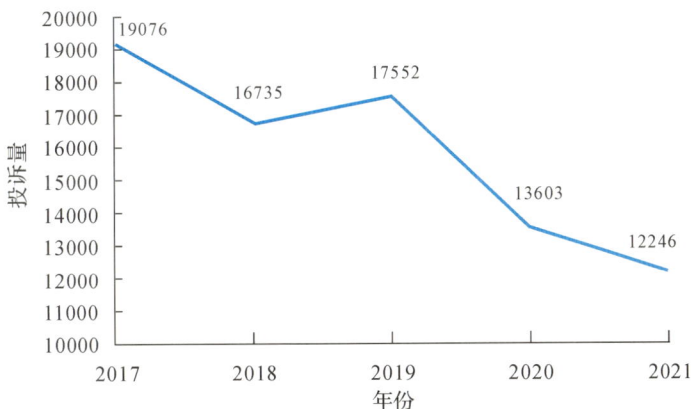

图 5-3　2017—2021年杭州市环境信访投诉量

资料来源:2017—2021 年杭州市环境状况公报。

[①] 杭州市生态环境局.杭州生态环境这十年·创新举措.杭州生态环境,2022(5):11-12.

（二）智慧型城市

智慧城市意味着让城市变得更"聪明"。习近平总书记在浙江考察时强调："运用大数据、云计算、区块链、人工智能等前沿技术推动城市管理手段、管理模式、管理理念创新，从数字化到智能化再到智慧化，让城市更聪明一些、更智慧一些，是推动城市治理体系和治理能力现代化的必由之路，前景广阔。"[1]杭州积极探索智慧城市建设，2016年，杭州在全国首创城市大脑。城市大脑，是指由中枢、系统与平台、数字驾驶舱和应用场景等要素组成，以数据、算力、算法等为基础和支撑，运用大数据、云计算、区块链等新技术，推动全面、全程、全域实现城市治理体系和治理能力现代化的数字系统和现代城市基础设施。[2]截至2021年1月，杭州城市大脑已建成11个领域、48个应用场景、390个数字驾驶舱，中枢系统数据服务接口达1.2万个，数据累计调用量达35.6亿次。

作为杭州的城市基础设施，城市大脑整合汇集来自政府、企业和社会的数据，在城市治理领域进行融合计算，实现城市运行的生命体征感知、公共资源配置、宏观决策指挥、事件预测预警、"城市病"治理等功能，提高城市运行效率，更好地满足所覆盖人群的不同需求。近年来，杭州通过不断拓展城市大脑的应用领域，从最初的"数字治堵"单一的交通领域逐步扩展至城管、卫健、旅游、环保等"数字治城"领域，再到新冠疫情期间展现出的"数字治疫"能力，逐渐把杭城建设成为人民满意的智慧城市。根据《中国城市数字治理报告（2020）》，杭州数字治理指数居全国第一，

① 习近平在浙江考察时强调 统筹推进疫情防控和经济社会发展工作 奋力实现今年经济社会发展目标任务 .（2020-04-01）［2022-11-18］.http://jhsjk.people.cn/article/31657786.
② 杭州市人民代表大会常务委员会 . 杭州城市大脑赋能城市治理促进条例 . 2020-12-09.

正在成为"最聪明的城市";人民满意度是衡量服务成效的"砝码",在45 个城市居民的数字生活满意度问卷调查中,杭州市民的数字生活满意度最高。2022 年,杭州城市大脑升级至 2.0 版本,以社区为切入点,先聚焦"住""行""老""小"等领域,推进住房、交通、未来社区"一老一小"等建设,为市民提供更便捷、更高效、更人性化的城市服务。

"数字市民"打造智慧型城市,通过数字技术和信息化手段,打破了传统的时间和空间限制,群众最直观的体验就是办事服务效率大大提升。比如"亲清在线"应用场景,将"以人民为中心"的价值追求和"数字赋能治理"的手段创新相结合,变革了政府服务模式,通过数据协同、信用承诺和流程再造,打破了以往"人找政策"的困境,实现了"政策找人"的目标,建立政策兑付"在线直达"、在线许可"一键审批"、企业诉求"一键直达"、互动交流"一窗对话"等多种便民服务模式。这些模式的出现,不仅提高了政府服务的效率,也为企业和市民提供了更加便捷的服务。据统计,亲清在线已累计在线兑付 170 亿元,惠及企业 33 万家、员工 103 万人,实现"一件事"联办事项 75 项,"企业开办一件事"全程帮办 30 分钟办结,"投资审批一件事"申报材料减量 80%,营商环境更加优化。2022 年,面向普通用户的"杭州城市大脑"数字界面已整合到浙江省"浙里办"政务服务网一体化平台,集成省市两级"一网通办"便民利企应用 255 个,可办事项 2301 个。[①]这意味着,群众和企业可通过该平台便捷地办理各类政务服务,享受数字时代城市公共服务的高效便利。

---

① 窦瀚洋.让城市更聪明一些、更智慧一些.人民日报,2022-09-05(5).

二、出行需求

交通是一座城市的血脉，交通出行与市民生活息息相关。随着城市建设的不断推进，城市规模的不断扩大，以及城市人口的不断增加，市民的出行需求日益旺盛，出行方式更加注重方便、快捷。道路交通贯通城市每个角落，但城市交通拥堵与堵塞现象也日益加剧，这在动态交通上表现为市民"行车难"，在静态交通上表现为市民"停车难"。为解决市民的出行困扰，"数字市民"提供了系列解决方案。

（一）关于市民"行车难"

据公安部统计，截至 2022 年 11 月底，全国机动车驾驶人数量已经超过 5 亿人，其中汽车驾驶人达到 4.63 亿人；机动车保有量达 4.15 亿辆，其中汽车保有量达到 3.18 亿辆，[①]有限的道路资源难以承载交通量的快速增长。在城市中，交通拥堵是最常见的城市病，在相对集中的时间内大量人流和车流给城市交通带来巨大压力，其中城市市民的上下班用车需求是城市交通压力的主要来源。通勤是市民城市生活的重要组成部分，每天上班要行多远、行多久，是每个"打工人"一天的苦恼，数据显示，2021 年全国承受 60 分钟以上"极端通勤"的人口超 1400 万，[②]因此缩短市民通勤时间、解决市民"行车难"问题刻不容缓。

杭州曾是全国闻名的"堵城"，一方面是车多路少，2021 年杭州市汽车保有量超过 300 万辆；另一方面受城市快速路网、地铁等市政基础设施

---

① 公安部 . 我国驾驶人迅速增长 年均增加 2500 万人 驾驶人总量超 5 亿位居世界第一 .（2022-12-08）［2022-12-22］.https://www.mps.gov.cn/n2254314/n6409334/c8794492/content.html.
② 中国城市规划设计研究院，百度地图 . 2022 年度中国主要城市通勤监测报告［2022-11-19］. https://mp.weixin.qq.com/s/j3pZMvdmK2dk5_LvXgJ-vQ.

施工影响，杭州道路通行能力下降。杭州治堵工作取得了有目共睹的成绩，根据高德交通发布的拥堵延时指数①排名，杭州市年度排名从 2014 年的全国第 3 位下降到 2021 年的第 34 位，季度排名从 2014 年一季度的全国城市第 1 位下降到 2022 年三季度的第 38 位。排名的下降离不开杭州城市大脑的建设和运营，城市大脑最初是从治堵开始，它像 CT 一样每 2 分钟对城市道路交通状况进行一次扫描，实时感知在途交通量、延误指数②、拥堵指数、快速路车速等"生命指标"，精准测算全市每条道路实时行车速度，供决策指挥人员量化掌握实时路况。就广大市民而言，可通过电台广播、导航等渠道提前规划路线以避开拥堵路段。比如对于 2022 年国庆假期后第一个早高峰，根据城市大脑预测的数据，10 月 8 日主城区道路最高在途量将达到 40 万辆，最高延误指数将超过 2.0；快速路最高在途将达到 9.5 万辆，最高延误指数达 2.7（出现在 8：30 左右）③。

在杭州市最拥堵的区域之一是滨江区，该区面积 73 平方公里，人口 70 余万，是主城区唯一不限行的区域，2019 年高峰时段其拥堵指数位列主城区第二。滨江区辖区内有浙大儿院、浙大二院、滨江龙湖天街商圈，还有一批包括阿里巴巴、网易、新华三、海康威视等在内的企业，这也就造成该区交通拥堵成患。浙大儿院是浙江省最大的三级甲等综合性儿童医院，是滨江区排名第二的驾车到达区域，其日接诊量达 7000—10000 人次。浙大二院全天平均进入车辆 2000 多辆，加之停车资源紧缺，就医交通流在早

---

① 拥堵延时指数为城市拥堵程度的评价指标，即城市居民平均一次出行实际旅行时间与自由流状态下旅行时间的比值。

② 延误指数：实时道路通行时间与畅通状态下通行时间之比。

③ 杭州交警微信公众平台 . 明日不限行 + 雨天路滑，早高峰出行要提前！.（2022−10−07）［2022−11−19］.https://mp.weixin.qq.com/s/dBPVcy7SM50ej9LhL8Lgxg.

晚高峰对区域周边道路交通的影响较大。滨江龙湖天街商圈单日最大客流18 万，最大车流 1 万，是杭州市流量前五的商圈之一。

针对区域拥堵问题，滨江区充分利用杭州市城市大脑的大数据资源，以及高德、移动、公交等移动互联网数据，实现智慧治堵，据统计，2021年第一季度滨江区高峰拥堵指数下降 5%。其中，浙大儿院周边区域工作日高峰延误指数下降 25.8%，1.8 公里的排队长龙消失；龙湖天街商圈拥堵日均持续时间下降 44.2%，拥堵报警次数下降 29.7%，交通类投诉率下降 16%；互联网产业园交通事故警情下降 31.7%，区域高峰延误指数下降 11%。[①]

"数字市民"借助城市大脑的两项数据，即在途量和延误指数，让市民群众实现畅快出行，除了就医、节假日出行，日常的城市幸福通勤生活才是市民最为期待的。数据显示（见图 5-4），2021 年杭州是特大城市中45 分钟内通勤占比最高的一个城市，占比为 79%[②]，也是单程平均通勤时耗[③]最短的一个城市，只有 35 分钟。杭州治堵成效明显，再加上城市快速路网和地铁的开通，市民幸福通勤指数得到极大提升。

---

① 滨江住建微信公众平台 . 智慧治堵破解"停车难 堵车烦"擦亮"畅通滨江"金名牌！（2021-08-24）［2022-11-19］.https://mp.weixin.qq.com/s/1k18edXp3nxUAfHToaOayA.

② 中国城市规划设计研究院，百度地图 .2022 年度中国主要城市通勤监测报告［2022-11-19］.https://mp.weixin.qq.com/s/j3pZMvdmK2dk5_LvXgJ-vQ.

注：提高 45 分钟以内通勤比重是改善城市人居环境的重要目标，是城市规划和交通服务水平的综合体现。

③ 平均通勤时耗是居民通勤出行直观感受和生活品质的重要影响因素，是衡量城市交通便捷的重要指标。

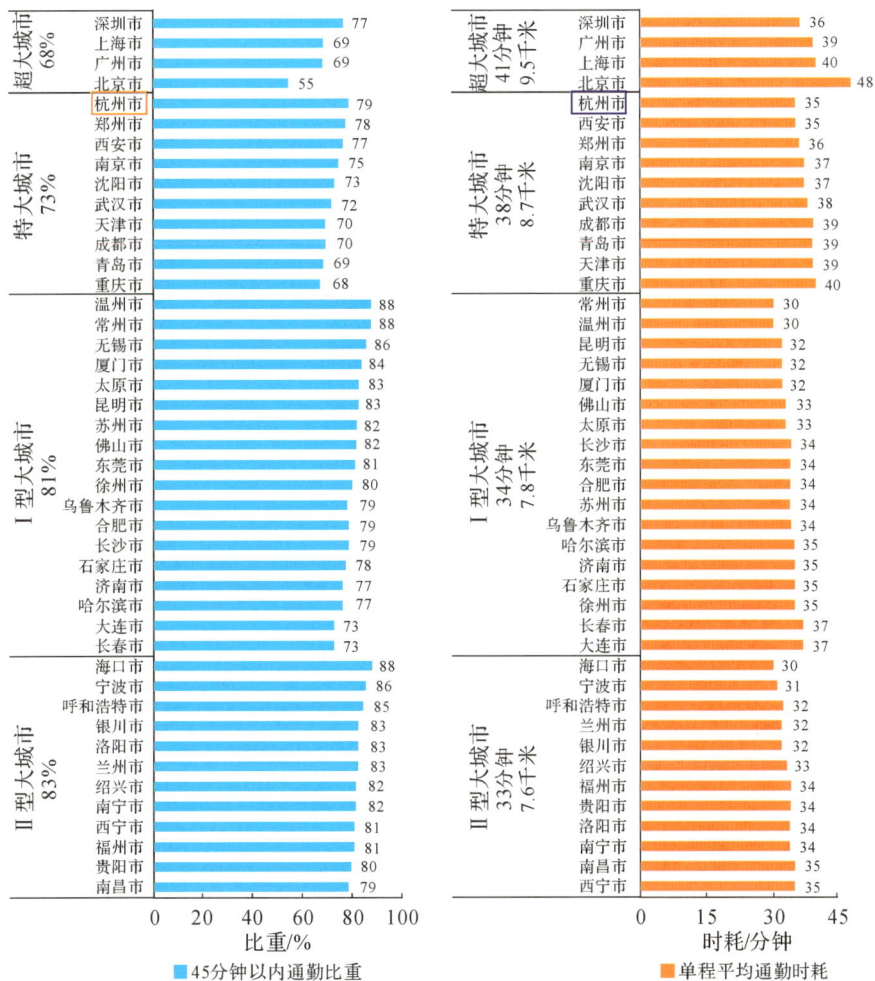

图5-4　45分钟以内通勤比及单程平均通勤时耗

左图（45分钟以内通勤比重，比重/%）：

类别	城市	比重/%
超大城市 68%	深圳市	77
	上海市	69
	广州市	69
	北京市	55
特大城市 73%	杭州市	79
	郑州市	78
	西安市	77
	南京市	75
	沈阳市	73
	武汉市	72
	天津市	70
	成都市	70
	青岛市	69
	重庆市	68
I 型大城市 81%	温州市	88
	常州市	88
	无锡市	86
	厦门市	84
	太原市	83
	昆明市	83
	苏州市	82
	佛山市	82
	东莞市	81
	徐州市	80
	乌鲁木齐市	79
	合肥市	79
	长沙市	79
	石家庄市	78
	济南市	77
	哈尔滨市	77
	大连市	73
	长春市	73
II 型大城市 83%	海口市	88
	宁波市	86
	呼和浩特市	85
	银川市	83
	洛阳市	83
	兰州市	83
	绍兴市	82
	南宁市	82
	西宁市	81
	福州市	81
	贵阳市	80
	南昌市	79

■45分钟以内通勤比重

右图（单程平均通勤时耗，时耗/分钟）：

类别	城市	时耗/分钟
超大城市 41分钟 9.5千米	深圳市	36
	广州市	39
	上海市	40
	北京市	48
特大城市 38分钟 8.7千米	杭州市	35
	西安市	35
	郑州市	36
	南京市	37
	沈阳市	37
	武汉市	38
	成都市	39
	青岛市	39
	天津市	39
	重庆市	40
I 型大城市 34分钟 7.8千米	常州市	30
	温州市	30
	昆明市	32
	无锡市	32
	厦门市	32
	佛山市	33
	太原市	33
	长沙市	34
	东莞市	34
	合肥市	34
	苏州市	34
	乌鲁木齐市	34
	哈尔滨市	35
	济南市	35
	石家庄市	35
	徐州市	35
	长春市	37
	大连市	37
II 型大城市 33分钟 7.6千米	海口市	30
	宁波市	31
	呼和浩特市	32
	兰州市	32
	银川市	32
	绍兴市	33
	福州市	34
	贵阳市	34
	洛阳市	34
	南宁市	34
	南昌市	35
	西宁市	35

■单程平均通勤时耗

（二）关于市民"停车难"

随着汽车保有量的持续增加，社会现有停车资源已经远远满足不了市民对停车位的需求。根据全国停车场分析报告[①]，2021 年国内已建设了超

---

① 由高德地图与清华大学交通研究所联合发布，采用"停车难指数"作为各大城市停车难易的评价指标。

过百万的停车场，但对比庞大的汽车保有量，停车位依然紧缺，尚有8000万的停车位需求缺口。为化解城市停车矛盾，政府部门不得不采取各种措施促进停车泊位资源利用的最大化，比如智慧停车系统。"杭州城市大脑停车系统"作为全国首个城市级停车系统，为市民提供覆盖全城的一站式"便捷泊车"服务，为解决市民停车"找位难""离场难"等核心痛点提供了有效途径，提出了破解城市级"停车难"问题的杭州答案。

在汇聚全市停车场库的基础数据后，"先离场后付费"模式作为杭州城市大脑停车系统"便捷泊车"的核心业务推出，减少了车主离场排队等候时间，使其体验到"一次绑定、全城通停"的停车体验。截至2020年6月底，杭州开通"先离场后付费"场库3500个，开通泊位76万余个，注册用户246万多个，平均使用率超过50%，服务用户次数超过5900万。假设每次停车服务能节省30秒，相当于已为市民至少节省15万多个小时的离场等待时间，同时加快了停车泊位周转，提升停车资源利用效率；以每30秒产生4克大气污染物排放计算，已累计减少排放70余吨，实现时间与能耗"双节约"；若提升10%的利用率，以接入的70多万停车位总数估算，相当于释放了约7万个停车位，按一个停车位建造成本20万元计算，可为社会带来效益140亿元。

"数字市民"在解决停车难问题上最主要的应用场所就是医院，去医院看病无法停车，是不少市民的烦心事。杭州城市大脑停车系统通过数据赋能精准调配，让各个停车场的泊位空闲资源透明化，为各大医院提供周边停车场泊位忙闲信息，属地通过引导屏、短信链接发送等方式，实现智能诱导。比如上城区作为医疗资源最丰富的城区之一，拥有较多省市级大医院，其中有一位难求的浙江大学附属第一医院，该院2022年共有442个泊位，它与浙江大学附属第二医院是浙江省内规模最大、日门诊量最高的三甲综合医院，就诊停车需求每天超 10000 辆，在高峰时段有 400 余辆车围绕两家医院排队等候，最长入院等候时间近四个半小时。在两大医院周边分散的停车场库和车位纳入城市大脑统一指挥调度后，车主要想获得符合自己需求的停车资源，可以通过浙里办、便捷泊车 App 等找车位功能实时查询停车场信息。

　　另外一个应用场所是杭州东站，它是杭州市接驳功能最为齐全的交通枢纽，客流量位居长三角各站第一。比如 2022 年国庆黄金周七天，杭州东站铁路累计到发 4097 班次，到发客流总计 247.3 万人，其中，10 月 1 日发送旅客 26.1 万人次，10 月 7 日到达旅客 22.4 万人次，均创下 2022 年新高[①]。为减少通行压力、提高群众出行效率，杭州东站在城市大脑支撑下，梳理东西地下停车库、西广场临时停车场车位数和车位利用率等指标，摸清家底，泊位总数达到 4801 个，泊位开放率达 100%。通过提升改造停车场库，重置 360 块外围交通及停车场库引导牌；挖掘车位资源，开放 631 个闲置车位、P 西停车场扩容新增车位 503 个；实施地下车库 30 分钟内免费等举措平衡东西车库停车饱和度，解决市民东站停车难问题，并有效缓解路面违停压力；通过实施"先离场后付费"，实现出库车辆 5 秒快速离场，通行效率是以往 6 倍，现金收费通道也从 20 个减少到 4 个。此外，通过对停车数据的深度分析，实时掌握东西车库停车饱和度波动情况和离场效率，便于及时优化引导。在新冠疫情防控期间，"先离场后付费"出库不用排队，大大缩短市民在场库的逗留时间，避免因开窗支付产生的接触感染风险。

　　除此之外，杭州城市大脑停车系统还为更多"停车难"区域提供解决方案：东新街道通过罚单变成二维码，将东文路、新北街车辆引导至离小

区 200 米的商业停车场，周边道路违法停车从日均 150 辆减少至日均 60 辆，路面停车秩序投诉同比下降 86%；长庆街道通过"线上 + 线下"双管齐下，每天平均成功引导 35 辆车进行错峰停放，楼宇泊位指数提升了 0.2，夜间的停车指数提升至 58.3%；天水街道通过"一键找车位"服务，让停车找位路程平均缩短 1.7 公里，单程至少节约 18 分钟，来回累计节约的总时间可实现商圈多逛 1 小时，实现来逛就能停，抬头就能见；余杭区"市民之家"通过合理配置车位资源，引导市民就近停车，并且通过大数据分析将免费时长确定为一小时，周转率从 1.7 上升到 4.4，免费车辆从 2% 上升到57%，实现 307 个车位满足 2100 人停车办事。可以说，杭州城市大脑停车系统是"数字市民"智惠实践的一个充分体现，为市民提供了更为便捷、高效的出行服务，推动了城市的发展和进步。

（三）关于市民品质出行

在满足市民行车与停车需求的同时，"数字市民"也在追求更高品质的出行方式，比如智慧指尖出行、绿色出行等。智慧指尖出行已经是数字化时代很常见的出行方式，用户在手机上点点手指便能够满足多样化的出行需求，然而，有时候手机 App 功能过于分散，用户需要通过多个渠道才能获取完整的出行信息，这给用户带来了不便。为解决这一问题，浙江交通运输局推出"浙里畅行"出行应用，致力于将其打造成浙江品牌。

"浙里畅行"是一个综合性的交通出行应用，旨在为社会公众提供全省域综合交通出行信息查询服务，并作为开放平台充分集聚第三方出行服务能力，为群众的高速出行、城市出行、长途出行提供便利（见图 5-5）。截至 2022 年，该应用已推出高速公路"伴你行"、智慧停车"E 服务"、农村客运"便民行"、交旅融合"预先知"、城市公交"一站查"、特殊人群"无忧行"、交通百度"点点通"等七项公共出行场景。在智慧停车"E服务"专区，市民能够查到附近停车场位置、空闲车位情况、停车场收费标准等信息，给市民提供了新的停车泊位查询渠道。

图5-5 "浙里畅行"界面

绿色出行是对城市环境影响最小的出行方式。2020 年，宁波向交通运输部提出申请，打造绿色出行示范城市，经过近三年的创建工作，其绿色出行的理念获得广泛认可，数据显示，宁波市绿色出行比例达 76.7%，绿色出行服务满意率达 92.3%[①]。除此之外，宁波市一方面不断满足个性化出行需求，尝试"地铁一到、公交即发"运营模式的微环线 3 条，试点社区

[①] 浙江交通融媒平台联盟宁波协作站. 服务满意率 92.3%! 宁波探索绿色出行新理念.（2022-09-25）〔2022-11-22〕.https://mp.weixin.qq.com/s/KuFCU-HokCKQ5fTSG4jnEg.

直达地铁站"招手即停"微公交 7 条，探索"即时下单、及时响应"的"网约巴士"；另一方面宁波还充分考虑老幼人群、残障人士等特殊群体的多元化需求，打造无障碍环境，试运行公交导盲系统和"听听巴士"App，盲人乘客可以根据语音提示乘坐公交车辆，这样的举措既有益于满足特殊群体的出行需求，也展现了城市公共服务的人性化和温暖，是"数字市民"在数字化城市公共服务的享有上获得公平性感知的体现。

2021 年，金华市为改善市民公共交通出行"最后一公里"问题，上线了金华市区共享单车管理平台，该平台被列入 2021 年浙江交通数字化改革基层和社会"最佳实践"名单。除划定共享单车专用停车位外，该平台还引入"蓝牙感应停车"技术，点位内统一采用蓝牙道钉设备，市民用户只能在电子围栏内租还车辆，从而保证了车辆有序停放。根据共享单车租还早晚高峰"潮汐规律"，平台还建立了站点满桩分时管理、满桩禁停、调度指引机制，当站点容量饱和时禁止用户继续还车，同时自动通知单车企业对站点车辆进行调度，从而解决了市民早晚高峰租车难、还车难问题。截至 2022 年 3 月 5 日[①]，金华市区总计投放共享单车 13963 辆，施划设有电子围栏的共享单车点位 2031 个，日均租借量达 2.4 次 / 车。

在"数字市民"出行应用实践中，智慧指尖出行和绿色出行是共同存在的，二者相互促进、共同发展。比如在"畅快出行"联盟服务场景中，公共交通板块为市民提供公交和公共自行车两种绿色出行交通工具服务，公交服务分为附近站点与线路规划两项，市民可以通过手机提前查询出门

---

① 交通旅游导报 . 李小姐的快乐"午歇"时间 .（2022-03-05）［2022-11-22］. https://zjjcmspublic.oss-cn-hangzhou-zwynet-d01-a.internet.cloud.zj.gov.cn/jcms_files/jcms1/web3234/site/attach/200/399c6fb51b864e2d97b640b8edb0ea19.pdf.

时间与行程线路，避免出现差错；公共自行车服务则根据市民定位向其推送附近可借、可还的公共自行车区域，避免市民在寻找车辆资源时浪费时间和精力。这些服务的实现，不仅为市民提供了更为便利的出行选择，同时也让绿色出行为城市绿色发展添砖加瓦。

三、"菜篮子"需求

民以食为天，食品供应保障关乎千家万户。农贸市场作为保证群众"菜篮子"供给的主要场所，不仅能平抑物价、保障供给，还能够成为展现城市文明形象的窗口。全国城市农贸中心数据显示（见图 5-6）[①]，农贸市场中民营市场占比较高，约为 47.50%；混合所有制市场数量占比相对较小，约为 10.84%；国有农贸市场占比约为 23.33%；集体所有制市场占比约为18.33%。

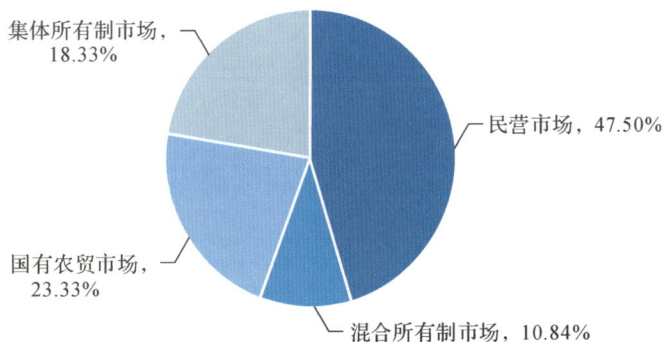

图5-6　2021年我国农贸市场基本分布

数据来源：全国城市农贸中心联合会。

---

① 全国城市农贸中心联合会 .2021 年农贸市场发展情况调查报告 .（2021-01-17）［2022-11-22］.http://www.cawa.org.cn/index.php?a=show&id=13788_1673_44.

另外农贸联报告中还提到农贸市场发展趋势之一为数字化渗透率逐步提高，部分市场已经开发并应用了进门系统、结算系统、监控系统、废弃物处理系统以及消杀系统等信息化管理手段。在浙江"菜篮子"数字化改革中比较典型的场景应用包括了"浙江市场在线""数智菜篮子"等。

2021年8月6日，"浙江市场在线"正式上线，对于市民关心的菜场位置、当日菜价、食品安全抽检结果等都能从浙里办的"浙里市场"查到。以瓜山未来社区农贸市场为例，如图5-7所示，"浙里市场"提供了该市场的各种信息，其中比较引人注意的是"浙江省五化市场"几个小字，这表明瓜山农贸市场具备便民、智慧、人性、特色与规范等五项功能。除此之外，市民还可以提前了解当日农贸市场农副产品的参考价格以及食品安全检测情况，同时也可以向平台提供自己对该农贸市场的意见和反馈。

图5-7　"浙里市场"瓜山未来社区农贸市场界面（2022年12月8日）

"数智菜篮子"场景应用由宁波市商贸集团打造，该集团是承担宁波市"菜篮子"商品流通供应管理等民生重任的一家国有企业。"数智菜篮子"

场景应用上线至 2022 年 12 月，已服务宁波本地及周边地区人群超 1000
万人次，交易金额超 500 亿元，新建地产菜超 10000 亩，保供基地增长超
25%，食品安全月检批次超 24 万，食安风险预警累计 447 条，并在浙江全
省首创"菜篮子"价格指数，为宁波市"菜篮子"保供稳价提供了有力支撑。①
另外，宁波市商贸集团所属子公司宁波农副产品物流中心上线"甬城放心供"
应用（见图 5-8），在"浙里办"端口上汇集市场近 6 周的销量、到货量、
动态储备量，每周 10 个主要菜种批发均价等内容，展示市场保供应、保安
全、稳物价等方面的相关数据，方便市民在新冠疫情期间全方位了解市场
保供稳价信息。

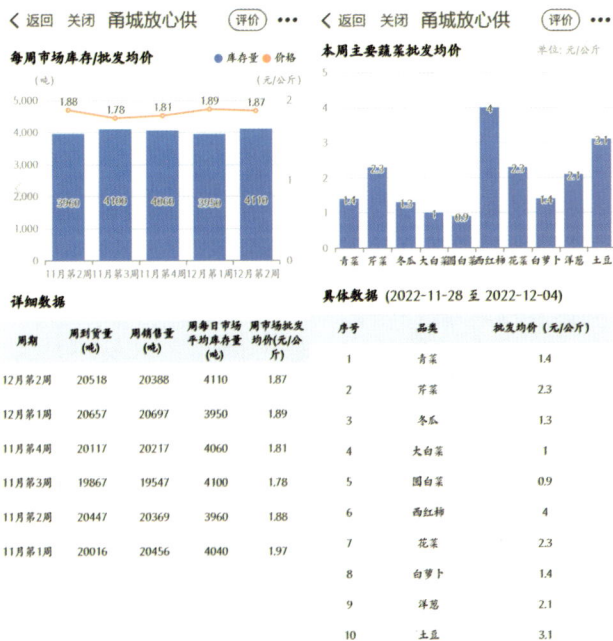

图5-8　"甬城放心供"每周主要蔬菜
供应情况信息和每周主要蔬菜批发均价信息

---

① 宁波商贸集团微信公众平台. 祝贺！"数智菜篮子"获浙江省优秀应用案例.（2022-12-10）
［2022-11-22］.https://mp.weixin.qq.com/s/1QeDdGkosugrpCKfmdKimQ.

尽管外卖与网购已成为大多数人的生活需求，但农贸市场因其独特的氛围与互动体验而无可替代。在农贸市场，市民可以和摊主讨价还价，仔细挑选蔬菜水果，享受烟火气中的生活情趣。甚至对一些务实的市民而言，在生活必需品上精打细算才是最好的省钱方式，比如几百块的化妆品、几千块的游戏装备可以毫不犹豫地去买，但如果外卖没有满减就会考虑是否有更划算的选择；农贸市场里的白菜比超市里的便宜几毛钱，绕远路也得选择农贸市场；等等。在新冠疫情期间，各大电商平台的菜蔬供应出现了紧缺和配送困难时，市民会第一时间赶去农贸市场或商场囤菜。对于不会线上买菜的市民来说，农贸市场更是每天必去的场所。因此，"数字市民"助力农贸市场智能化、数字化是一项既有现实意义又有长远意义的利民举措。此外，数字技术的加入还能提高农贸市场的效率和服务水平，比如通过推广无现金支付、智能摊位管理系统等，为市民提供更加优质的服务，让市民群众从"菜篮子"中获得满满幸福感。

四、住房需求

根据国家统计局公报，2021 年我国城镇化率达到 64.72%，在城市人口数量激增的同时，住房需求也在日渐旺盛，一度出现供需关系紧张的局面。住房问题关系民生福祉。[①] 群众住房问题解决不好，影响人民群众获得感、幸福感、安全感。在住房成本居高不下的当下，租房成了年轻人，特别是刚刚毕业的大学生的首选。据《2021 年 10 城毕业生租房报告》显示，90% 的大学生毕业后需要通过租房解决居住问题。根据第七次人口普

---

① 中央经济工作会议在北京举行. 人民日报. 2020−12−19（1）.

查长表抽样调查数据（见表 5-1）[①]，2020 年浙江全省家庭户住房自有率为 64.71%，其中自建房占 35.01%，自购房占 28.64%。而住房性质为租赁的家庭户比重为 33.65%，其中杭州有超四成家庭选择租房。住有所居是宜居的基础，面对庞大的租房需求市场，数字化改革已成为租房服务领域的必然趋势。在这个背景下，"数字市民"加强租房服务领域数字化改革，推进租房信息公开透明化、租房交易在线化等措施，让租房困难群体"住有所居、住有宜居"。

2017 年，杭州成为首批租赁试点城市，2021 年，杭州市住保房管局以数字化改革为契机，推动"租房一件事"场景落地，并成功上线"e 房通"应用。"e 房通"依托城市大脑，通过数据共享、流程再造、制度重塑等手段，切实解决了群众在住房领域的实际困难，提升了便民服务质量。

"e 房通"（见图 5-9）集成了房屋交易、保障、租赁、物业、安全等监管服务功能，涵盖"我的房子""我的小区""我要购房""我要租房""我是经纪人""网上办事"六个板块。其中，"我要租房"板块的"租房一件事"功能较受关注，通过该功能，市民可以足不出户，一站式完成房屋出租、找房住、网签租赁合同等租赁服务。具体来说，如图 5-10 所示，市民通过"发布求租"模块填写期望居住小区、预算租金、户型要求、租期等信息，个人房东或租赁企业会与市民联系；在"找房住"模块，市民可以查看租赁房源，对有意向的房源可通过"我要预约"进行联系，进一步沟通租房具体事宜；当市民确定租赁意向，可在"我要网签"模块完成租赁合同的签订。

① 浙江省统计局.浙江省第七次人口普查系列分析之十：住房状况.（2022-07-22）［2022-12-26］. http://tjj.zj.gov.cn/art/2022/7/22/art_1229129214_4956244.html.

表5-1 2020年浙江省城镇、地区住房来源

	自有住房/%	购买新建商品房/%	购买二手房/%	购买原公有住房/%	购买经济适用房/两限房/%	自建住房/%	继承或赠与/%	租赁廉租房/公租房/%	租赁其他住房/%	其他/%
浙江省	64.71	14.34	8.68	1.62	4.00	35.01	1.06	4.33	29.32	1.65
城 镇	58.40	19.58	11.66	2.20	5.23	19.09	0.64	5.12	34.65	1.82
杭州市	57.92	17.91	9.05	3.85	6.77	20.01	0.32	4.40	36.02	1.67
宁波市	57.59	13.85	10.94	1.17	4.71	26.04	0.89	5.95	34.73	1.73
温州市	65.74	11.32	10.41	0.76	3.36	38.42	1.47	5.27	26.97	2.02
嘉兴市	59.95	16.19	8.58	1.69	5.90	27.41	0.17	4.08	34.68	1.29
湖州市	75.88	20.24	8.39	1.59	5.41	39.95	0.31	3.45	18.83	1.84
绍兴市	78.26	19.47	7.37	0.99	5.52	43.35	1.56	2.81	17.67	1.26
金华市	56.27	8.79	5.60	0.96	0.51	38.92	1.48	5.73	36.41	1.59
衢州市	90.04	13.13	9.80	1.73	1.07	62.23	2.09	1.38	7.51	1.06
舟山市	76.79	25.39	15.59	2.03	1.78	31.45	0.56	2.61	19.03	1.58
台州市	68.31	9.36	4.93	0.65	1.30	50.99	1.09	2.65	27.58	1.46
丽水市	77.27	12.30	8.50	1.16	1.81	49.68	3.82	2.59	17.40	2.74

资料来源：浙江省统计局。

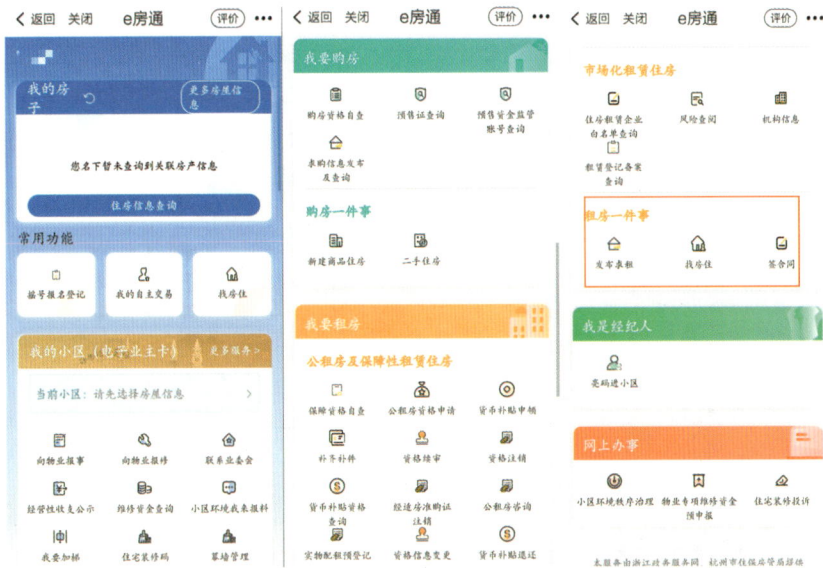

图5-9 "e房通"应用界面

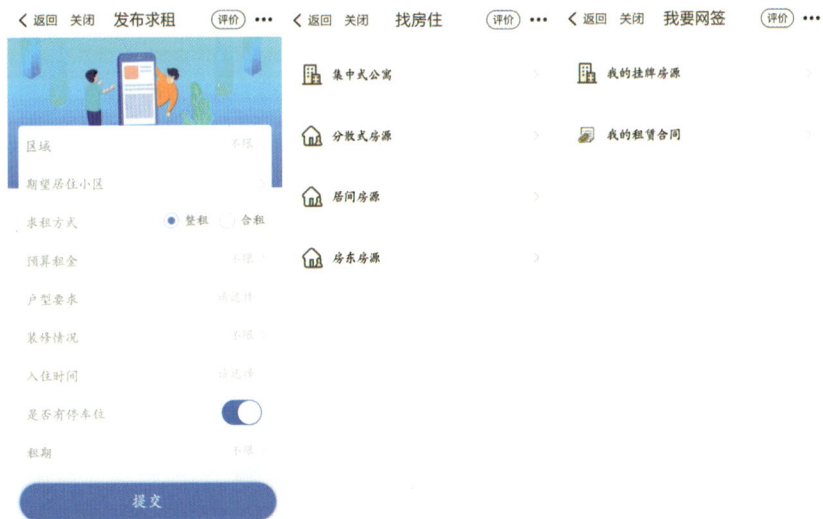

图5-10 e房通"租房一件事"界面

公共租赁住房是住房保障体系的重要组成部分。嘉兴市作为浙江省住房保障数字化改革的先行区，从"公租房申请一件事"到"公租房保障一件事"，数字化改革成效获得群众认可。2021 年 11 月，桐乡在浙里办上线"桐易居"微应用（见图 5-11），综合集成公租房政策、申请、合同网签、资讯等相关服务，实现从申请、合同网签、报修到退租全流程业务掌上一键闪办，同时申请材料也由原本的最多 13 份精简为 1 份。

图5-11 宜居在嘉"桐易居"界面

自"桐易居"系统上线以来，桐乡市公租房网办率已达到 98.24%，低保等住房困难家庭实现"应保尽保"。2022 年 11 月，"桐易居"微应用升级为"宜居在嘉"，为嘉兴全市 3.75 万户在保家庭和年均约 1.2 万户新增申请家庭提供服务。[①]

第二节　对生命健康的安全需求

安全需求与生理需求都属于人类最基本的需求，但安全需求更强调人的健康、生命安全与生活稳定。习近平总书记曾强调，公共安全事关群众身体健康和生命安全。[②]基于大量资料的收集整理，本节将"数字市民"的安全需求实践分为舌尖上的安全、用药就医安全、城市生活安全三个方面。

一、舌尖上的安全

民以食为天，食以安为先，食品安全影响着每个人的日常生活和健康。随着科技发展、消费升级和人民生活水平提高，大众对食品的质量和安全愈发关注。然而，传统的食品生产方式和监管方式已无法满足新时代消费者、企业和监管部门在食品安全领域的新需求，这就需要与时俱进，通过数字技术赋能食品安全监管，加强食品安全保障。目前，全国各地都在积极探索数字赋能食品安全监管的途径，并取得了不少有益的成果。

以浙江为例。2014 年起，杭州市就开始创新探索餐饮业厨房监管，随

---

① 浙江建设微信公众平台 . 桐乡持续提高公租房保障整体智治水平 筑牢群众安居底线 . (2022-11-29) [2022-12-28] .https://mp.weixin.qq.com/s/QofMQecQgyLRDRHyC4MjFQ.
② 习近平 . 论坚持人与自然和谐共生 . 北京：中央文献出版社，2022.

后在 2017 年推进"透明厨房"监控系统，消费者可以参与到餐饮食品安全的监督中。2018 年，杭州市开始基于城市大数据、物联网、云计算等互联网技术，推行"食安慧眼"监管系统建设，并将其纳入杭州城市大脑应用场景，使得互联、在线、智能、开放的监管决策成为可能。"食安慧眼"系统是杭州"阳光餐饮智慧监管"系统的一次升级，系统利用互联网阳光厨房视频技术，让后厨百姓"看得见"，实现从业人员不规范操作的自动抓拍和预警提醒，同时保证设施设备监测到位，如空气消毒、餐具消毒、人员晨检等方面，通过智慧信息平台严管食材采购，过期食品和非法添加剂使用，最终实现后厨"可感知、可监控、可识别、可抓拍、可预警"。除此之外，浙江还创新推出"浙食链""浙冷链""浙江外卖在线"等平台应用。其中，"浙食链"与"浙冷链"可以对食物进行溯源，市民可以通过溯源码获知购买食品的产品信息，包括生产日期、生产地点、保质期等，吃得更放心。"浙江外卖在线"（见图 5-12）实现了网络餐饮从后厨到餐桌、从加工到配送、从线上到线下、从商家到骑手全链条闭环管理。据悉，"浙江外卖在线"自试运行至 2021 年 7 月，已完成网络订餐平台上 29.3 万商家的主体信息核验，确认餐饮登记主体 20.5 万家；通过在"美团外卖"和"饿了么"两大订餐平台开设阳光专区，共上线接入阳光厨房 6089 家；同时接入 33.9 万名外卖骑手数据，通过数字化平台实现对骑手交通安全的动态联合监管和骑手权益保障的综合协同共治。①

---

① "浙江外卖在线"完成 29.3 万商家核验．中华工商时报，2021-07-30（4）．

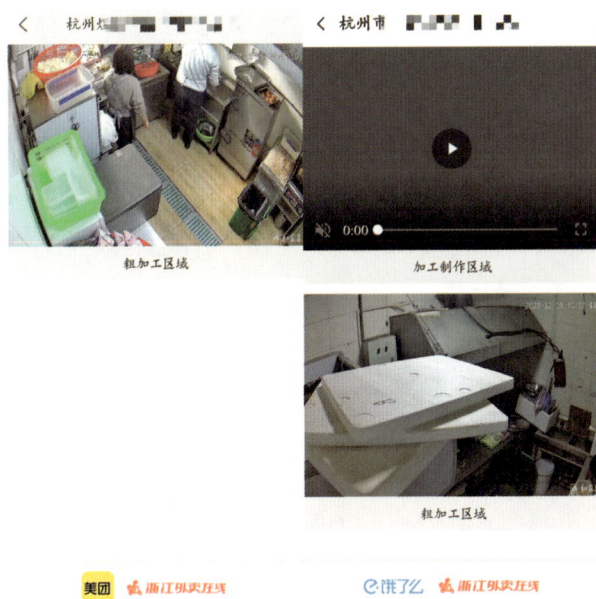

图5-12 美团、饿了么平台"浙江外卖在线"

"数字市民"赋能食品安全领域，让市民群众吃得放心、吃得安心，这是现代社会食品安全监管的一大创新。传统的食品安全监管方式往往依赖于监管人员的经验积累，反应能力弱，而新型监管方式借助数字技术和互联网平台，通过"明厨亮灶""溯源码"等手段，使消费者和监管部门能够更加直观、快速地了解食品生产、加工、运输和销售等全过程信息。这不仅打破了食品生产经营的规则、时间、空间等限制，还让消费者参与到食品安全监管过程中，保证了食品从田间到后厨再到餐桌的品质，为消费者"舌尖上的安全"提供有力保障。

二、用药就医安全

生命安全和身体健康是人民群众的基本需求和普遍愿望，医药健康更事关群众切身利益。近年来，针对群众看病难、找药难、购药远等问题，浙江省依托数字化改革，积极探索数字化医疗在群众用药、就医方面的应用。

（一）安全用药

据统计，截至 2021 年 9 月底，全国共有药品经营许可证持证企业 60.65 万家。其中，批发企业 1.34 万家，零售连锁总部 6658 家，零售连锁门店 33.53 万家，单体药店 25.12 万家。[①] 由此计算，截至 2021 年 9 月底，全国药店总数（不含零售连锁总部）为 58.65 万家，但多数仍以传统陈列、人工拣药、配备多名药师为主。随着后疫情时代的到来，无接触经济模式备受关注，传统药店开始向智慧药店转型升级，提供非接触式自助购药、远程问诊、24 小时营业等服务，以满足市民购药需求。

2019 年起，台州椒江区在浙江全省首创“互联网 + 三医联动”模式，2021 年加快推进“三医联动”（药省心）（见图 5-13）便民服务应用迭代升级。该应用基于台州市健康一卡通平台，运用互联网和人工智能技术，搭载智慧诊疗亭和智慧药柜等智能健康终端，提供一站式 24 小时医药健康服务，包括预约挂号、在线诊疗、在线开方审方、医保支付、便捷取药、自动售药、药事服务等。截至 2021 年底，线下全面建成“互联网 + 三医联动”智慧药房 2 家，便民服务点 11 个，线上全区 208 家药店全部上线浙里办“药省心”智慧药房，功能使用量 20 余万人次，惠及 80 余万人。[②]

2022 年，浙江省药监局上线“浙里药店”应用（见图 5-14），构建了“群

---

① 国家药品监督管理局. 药品监督管理统计报告（2021 年第三季度）.（2022-03-18）［2022-10-12］.https://www.nmpa.gov.cn/zwgk/tjxx/tjnb/20220318160852122.html.

② 椒江市场监管微信公众平台. 全国首创！椒江区“三医联动”（药省心）智慧药房应用打造数字化改革硬核成果.（2021-12-31）［2022-11-08］.https://mp.weixin.qq.com/s/qeFfjpP_A7zXc24m3wTt4w.

众购药一件事""科普查询一件事""药事服务一件事""惠企服务一件事""防控监测一件事" "药品监管一件事"六个子场景。温州作为该应用的试点地区之一，2022 年 11 月，已实现"浙里药店"应用贯通率 100%，12 个县（市、区）、温州湾新区和海经区分局的浙里药店全覆盖，2470 家零售药店上传进销存等数据接入浙里药店应用。其中浙里办·浙里药店应用服务侧市本级每百万人口平均月度访问用户数为 30.52，位居全省第二。[①]

图5-13 "药省心"服务界面

---

① 温州市大数据发展管理局.温州实现"浙里药店"基本全覆盖，为群众提供普惠性药事服务！（2022-11-30）［2022-12-14］.http://dsjj.wenzhou.gov.cn/art/2022/11/30/art_1229002337_58999152.html.

图5-14　"浙里药店"服务界面

　　"数字市民"在药物领域的应用除了智慧药房，还包括药品监管方面。药物安全关乎民众的身体健康和生命安全，市民购药过程中得到的用药指导并不能保证百分之百的用药安全，其中最重要的就是对药品从源头到流通进行全流程监管。在数字化改革号角下，"数字药监"应运而生，它包括"浙苗链""浙药链""黑匣子"等多个数字平台。其中，"浙苗链"与"浙药链"是对疫苗和药物进行全链条追溯监管的系统，与"浙食链""浙冷链"有着异曲同工之处。药品"黑匣子"系统借鉴民航"黑匣子"理论，利用药品生产企业自身信息化系统，在企业安装用于接收存储关键数据的数据仓（"黑匣子"），自动收集企业生产源头采集的影响药品质量的关键参数，实现关键数据自动收集、数据内容智能校验、风险信号及时预警。

再比如龙湾区的"特殊药品(含特殊药品复方制剂)流通环节精密智控系统",实现了对药品在市场流通环节的全过程监测、预警、处置,该系统能够对顾客购买监测药品数量进行约束,防止其超额、频繁购买[1]。例如,在龙湾辖区每人 3 天内最多购买 2 盒含特殊药品复方制剂,异常扫码登记或购买超量将触发风险预警系统,防止、监测药品滥用。同时,采用微信扫码自动登记身份证,改变传统手工登记管理模式,为药品经营使用单位和群众提供便利。总的来说,"数字市民"为安全用药提供了更加便捷和全面的解决方案,使得用户可以更好地进行药物管理和监测,这不仅促进了药物使用的安全和有效性,也为市民提供了更加贴心和智能化的医疗服务。

(二)安心就医

很多市民对去医院有极大的意见,原因就在于看病流程繁琐、等候时间太长、跨院就诊重复检查等。这些因素不仅影响了市民就医体验感,还导致了不必要的医疗费用支出。为了改变这种情况,近几年,浙江省不断探索医疗领域的数字化改革,例如,先看病后付费、医学检查检验结果互认、浙里健康 e 生等场景的推出。

2019 年初,杭州市卫健委、市发改局、市医保局、市金投集团等多部门依托城市大脑中枢,协同创建了"舒心就医·最多付一次"场景,通过数字化手段解决了病人"就诊付款多跑路"的痛点问题,实现了看病就诊最多付一次。2020 年底,"舒心就医"场景又向前迈进了一步,在杭州市卫健委、市数据资源局、市医保局等多部门联合推动下,以杭州市红十字

① 龙湾发布微信公众平台.龙湾数字化改革成果② | "特殊药品流通环节精密智控系统"全力守牢基层药品安全.(2021-10-19)〔2022-12-20〕.https://mp.weixin.qq.com/s/PAuPs3F-DoAyTp2CiWRDKA.

会医院为试点单位，探索患者在医院就诊能实现"先看病后付费"的便捷服务。根据 2020 年底市红会医院的数据分析，传统就医流程涉及普通挂号、问诊、检查和配药等环节，需要经历 3 次结算，平均耗时 29.79 分钟（从接诊到最后一次结算动作的时间）。在实施"先看病后付费"场景以后，对患者而言，将所有结算放到离院后一次性结清，实际平均看病时间 19.03 分钟，病人平均就诊时间缩短 10 分钟，真正做到还时于患者，医护人员能更多地为患者进行诊疗服务。对医院而言，平均为患者减少 1/3 的就诊时间，相当于在不增加投入的情况下，可以再服务医院门诊量 1/3 的病人，使得医疗资源得到最大化的利用；医院配备的自助机占用了较大的门诊空间，病人被强行要求自助结算，使用体验差，另外自助机不仅存在信息安全隐患，医院还要投入大量的资金维护保养，"先看病后付费"实施后，自助机数量减少，多出来的空间会提供给患者和医护人员。

2021 年 7 月 5 日，杭州市富阳区针对患者跨医院重复检查检验的顽疾，采用数字化手段打造"医学检查检验结果互认共享"场景应用。通过建设互认信息系统、互认标准体系、互认保障制度，该应用助推医院检查检验结果互认共享，规范诊疗行为，提升市民就医体验，显著降低看病费用。截至 2021 年 8 月 30 日，已累计归集 55.5 万余人 232.5 万份检查检验结果数据，实现调阅 33.4 万人次、互认 2.5 万余项次，6 家医院直接节省医保基金、患者个人费用支出 315.8 万余元。^① 源于富阳区的"医学检查检验结果互认共享"现已上升为全省的"浙医互认"重大应用。截至 2022 年 7 月，"浙医互认"已集成 1354 家医院，已累计调阅 2327 万次，累计开展互认 1200

----

① 陈宁，李睿. 减少重复检查检验 富阳这一应用带你认识"新的医院". 浙江日报，2021-08-30（2）.

万项次，直接节省医疗费用 5.58 亿元。①

　　"浙里健康 e 生"应用汇聚全人群、全要素、全周期个人健康数据，让"人人拥有一份全生命周期的电子健康档案"。这一应用和"浙医互认"都有助于减少患者跨院重复检查的次数，在就诊期间，患者甚至无须携带就诊单据，只需提供授权码（见图 5–15），医生即可在线查询该患者在全省二级以上医院就诊的病例与处方信息，提高了医疗服务的精准度和个性化。授权码的使用一定程度上保护了个人敏感信息，在为患者提供便捷诊疗服务体验的同时，也增强了患者就医的安全感。

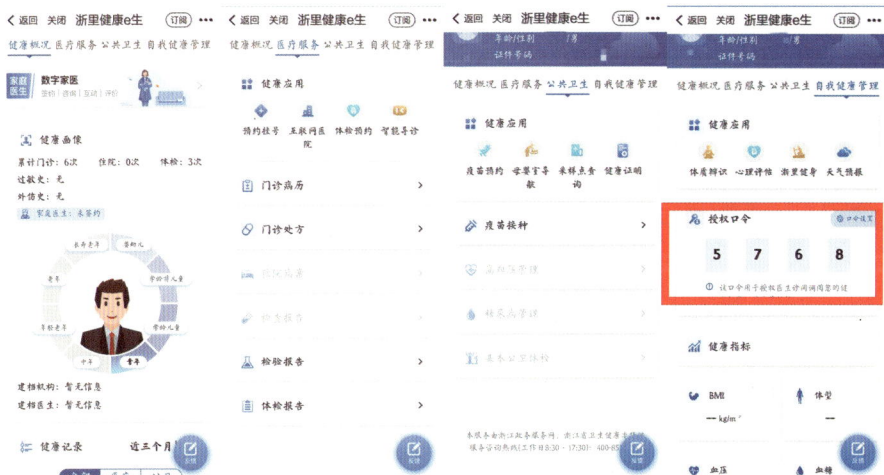

图5–15　"浙里健康e生"界面

　　多次排队结算、重复看病检查都是令市民最为不满的事情。随着"先看病后付费""医学检查检验结果互认共享""浙里健康 e 生"三大应用的推广，

---

① "中国这十年·浙江"主题新闻发布会答问实录 . 浙江日报，2022–08–31（3）.

市民的健康管理和医疗服务得到极大改善，对"数字市民"实现"病有所医、医有所便"的目标起到重要推动作用。这些优质服务不仅还时于民、减负于民，而且高质量、高效率的医疗服务更进一步提高了群众看病就医的满意度，真正实现舒心就医。

三、城市生活安全

城市建设的迅速发展，带来城市系统规模的不断扩大以及城市运行系统的日益复杂，多方面的集聚效应加大了城市安全风险。城市安全关系到每一位市民的切身利益，政府需要采取有效措施，加强城市安全的服务供给，以保障市民群众的生命财产安全。比如上海外滩以及韩国梨泰院的踩踏事件，更加凸显了加强城市安全工作的必要性。

在浙江杭州，"数字市民"已广泛应用于城市生活安全领域。比如"杭州城市大脑应急系统防汛防台"场景，该场景运用大数据、云计算、监测预警等技术，整合大量分散在各部门行业的数据，汇聚全市 1168 个雨量站、656 个水位站、18 座大中型水库、1131 处地质灾害风险、1600 余处山洪灾害风险点、159 个城区桥涵隧道及低洼地带积水点、614 支救援队伍、443 个物资储备库、2463 个避灾点等数据，打造"多层级数据叠加、多方位监测预警、多维度综合研判"的风险分析一张图。在"利奇马"超强台风和梅汛期新安江九孔泄洪超标准防御期间，城市安全管理者借助防汛防台应用场景，了解全市水情发展态势，实时关注水雨情监测信息，运用云计算技术汇总各流域面雨量数据，通过大中型水库、重要河道超警戒、超保证水位的风险预警，结合系统集成的视频监控资源，为新安江、富春江、分水江等水库的安全调度、精准防控提供了硬核决策支撑，对沿线大桥、河堤安全监测实现全方面管控。再比如余杭区的"城市安全运行'CT'智能服务"应用，该应用通过"全面体检＋重点复诊"生成全区风险态势"体检报告"，针对发出预警的风险点位，通过数字孪生等技术，进行深度研判，形成详细的"诊断报告"，作为处置决策的依据。余杭区的这一应用汇聚来自 29 个单位、17 个系统的 47 类数据，包括实时获取的地面沉降、地物位移、地表形变、燃气压力等 1500 余万条监测数据，以及分散在各部门各系统的地下管线、建筑基坑、地铁运行、地灾隐患点等 16 万余条基础数据，形成城市安全数据专题库。平台试运行以来至 2021 年 8 月，城市 CT 初步构建起了余杭区城市安全运行"精密智控"体系，"体检＋复诊"的模式变被动的事后处置为主动发现风险隐患，同时监测成本下降 2/3 以上；已有效预警 193 次，风险主动预警准确率达 90% 以上；多跨协同 32 个部门、镇街、国企，平均处置时间压缩 65% 以上，工作和责任闭环有效形成。[①]

在浙江绍兴，柯桥区上线"浙里城市生命线"特色应用。该应用聚焦于预防城市重大安全事故，如燃气管网爆炸、桥梁结构病害、城市内涝、路面塌陷等。通过物联感知"慧眼"发现、城市运行"智脑"处置等举措，率先打造"风险可视、源头可溯、安全可控、事故可防"的治理新模式。自系统试运行以来至 2022 年末，已成功预警防范突发险情 84 起，其中 80 起由权属部门进行快速处理，4 起由多部门进行协同处理，所有预警均已处置完毕。[②]

城市安全问题具有广泛的风险性，比如制造业、电力、水等生产和供应、

① 杭州应急管理微信公众平台.余杭城市"CT"平台创新城市安全智治新模式.（2021−08−25）［2022−12−24］.https://mp.weixin.qq.com/s/IV1ICp1SJaLmImsxx67pmQ.
② 柯桥改革微信公众平台.柯桥区数字化改革成果展（二）：数字政府系统.（2022−12−12）［2022−12−24］.https://mp.weixin.qq.com/s/Ni5VdTgNH7j79SArfBAuXw.

建筑业、交通运输业等行业方面，以及生产作业场所、各类房屋建筑、公共场所、基础设施、居家生活等空间方面，还有人员、自然灾害、安全和应急管理等要素方面，以及事前的规划、选址、设计、建设、运行等全生命周期，事中的监测预警和事后的应急救援等环节方面。基于此，"数字市民"对提升城市安全治理现代化水平、构建全周期管理的城市安全发展体系具有重要意义。同时，"数字市民"也让安全感存在于城市的每一个角落，让市民城市生活更安全更舒心。

第三节　对情感归属的社交需求

社交需求属于精神层面的需求，也被称为归属需求，它满足了人们情感和心理认同上的归属感，这对于实现市民精神富裕至关重要。本节主要从邻里社交、娱乐社交、旅游社交、运动社交、文化社交五个方面分析了"数字市民"社交需求的实践。

一、邻里社交：未来社区

"邻里"一词最早见于《论语·雍也》，文中写道："子曰：'毋，以与尔邻里乡党乎'"。然而，随着时代的前进，熟人社会仿佛只出现在鸡犬相闻的农村，在繁华的都市，"邻里互助"式的传统社会结构特征正逐步消退，高度的人口流动性让居住空间呈现出"临时性"的特点，大家更倾向于在虚拟的网络空间里满足社交需求，而不是面对面地与邻居互动。社区认同的基础是居民之间较为频繁的交往和互动，因为邻里不是既成社会实体，而是一个不断建构的社会关系体。[①]2019 年，浙江省政府工作报告首次提出创建未来社区，其中邻里场景作为未来社区构建的九大场景之一，旨在推动陌生人社区向现代熟人社区的转变。相较于传统城市社区邻里关系淡薄、重地产轻人文、缺乏文化交流的纽带，未来社区邻里场景则更加强调创造特色邻里文化，致力于把社区打造成交往、交融、交心的人文家园和心灵之家。《浙江省未来社区建设试点工作方案》对邻里场景的解读如下："营造特色邻里文化，突出社区即城市文化公园的定位……，营造承载民俗节庆、文艺表演、亲子互动等活动的邻里交往空间。构建邻里贡献积分机制……，构建服务换积分、积分换服务激励机制。打造邻里互助生活共同体，制定邻里公约，建立邻里社群……，形成远亲不如近邻的邻里氛围。"

在未来社区中，邻里场景是构建社区文化的重要元素，邻里举办的活动不仅有助于增强居民之间的互动和交流，也有助于培养居民的文化素养和社区认同感。同时，未来社区也注重发挥数字技术的作用，通过智慧社区平台、社区 App 等数字化工具，促进邻里之间的互动和交流，提高社区服务的效率和质量，让社区成为居民生活不可或缺的一部分。以杨柳郡未来社区的邻里场景为例，依托"邻里帮"模块开设积分银行，构建邻里互助、志愿服务等积分兑换体系；搭建亲子圈、美食圈等 WE 爱好圈，通过社区搭线、多方接单、圈友扩大，让居民逐步从线上互助走入线下共享，加速构建线上"一键帮"、线下"young 生活"的新型邻里关系；通过社区搭台、党员"扫楼"、共商共议形成 20 条杨柳郡自治公约（即"郡约"）；好街

① 舒晓虎，陈伟东，罗朋飞."新邻里主义"与新城市社区认同机制——对苏州工业园区构建和谐新邻里关系的调查研究.社会主义研究，2013（4）：147−152，170.

运营团队联合街区居民、商家共同组建"好街一家亲"公益服务队，除了开展童书捐赠、环保课堂等公益活动，还组建兴趣社群，开展社群 IP 活动，这种"公益＋社群"的创新模式让邻里关系更融洽。

在后疫情时期，邻里社交愈发受到重视。2022 大社交趋势观察报告①总结的第八大趋势便是"抱团自救"，在新冠疫情期间，原本保障生活的系统停摆，为了购买生活物资和帮助弱势群体，人们开始组织起来，通过抱团积极自救。报告在这部分引用了《孟子·滕文公上》的一句话："死徙无出乡，乡田同井，出入相友，守望相助，疾病相扶持，则百姓亲睦。"无论是传统社会还是现代社会，当个人力量无法抵抗来自自然灾害的威胁时，守望相助、抱团取暖成为大家应对灾难的共同选择。"数字市民"强调城市要有温度、要有人情味，就像后疫情时期我们无比地需要安全感，需要邻里的团结，需要稳定的社区关系一样。我们在放眼"诗和远方"的同时，也要珍视"身边""附近"的风景，因为它们会让我们更有脚踏实地的感觉。

二、娱乐社交：智慧商圈

商圈对于年轻群体而言，不仅仅是吃喝玩乐购的好去处，更是满足自己多元化需求的好地方。比如被誉为"杭城的门厅、西湖的会客厅"的湖滨商圈，最大的特点是产城合一、文商旅结合。湖滨商圈人流密集，年人流量达到 5500 万，商业建筑 50 万平方米，不仅有一条国家级步行街，还聚集了三家大型省级三甲医院。2019 年 7 月 10 日，上城区发布首个基于

---

① 袤则市场咨询 . 2022 大社交趋势观察报告 .（2022—06—21）［2022—12—02］.https://mp.weixin.qq.com/s/VdDniZMR_1HRBQPxsmx4Kg.

杭州城市大脑的街区治理场景，该场景从人流的管理、车流的治理、企业的服务着手，通过推进数据融合、资源整合、力量联合等举措，将数据应用推广至交通治堵、综合治理、消费引流等方面，初步探索出一套街区治理的数字解决方案，成功打造"会思考的街区"。

通常情况下，年轻人非常讲求仪式感，比如跨年活动倒计时。作为著名景点，杭州西湖的跨年热闹程度可能位居国内前列，以 2019 年跨年夜为例，人流峰值达 8.5 万人，密度达 3.2 人 /m^2，远高于 0.75 人 /m^2 的警戒值，踩踏风险高，疏散难度大。在湖滨跨年夜实战中，现场指令需参考全场及各个区域的人员密度、核心区的人流变化趋势两个维度，根据当天现场核心区人员密度变化决定活动是否喊停。以单位面积的人员密度设置风险指数，以 0.75 人 / ㎡（上海在外滩事件后设置的大型活动分界值）作为警戒线，风险指数为 0.6。通过观察，当晚 9 点，随着活动音乐响起，人流开始聚集；10:10 风险指数上涨到 1.08。随后现场立即调整方案，先是采取音乐叫停、卡口启动、"泄洪区"开闸等措施，然后对现场警力点位重新部署，交警对延安路（庆春路、解放路段）进行交通封控。40 分钟后，风险指数从 1.08 降至 0.63，全场人流降至 7.3 万。在判定现场风险重回可控范围后，重启音乐，活动继续。

除此之外，湖滨智慧商圈还满足了市民其他方面的需求[①]。在停车方面，统筹整合商圈街区内部及周边医院等单位 29 个停车场 5776 个泊位，通过城市大脑接入实时在线校准，实现"抬头见泊位"和"错峰潮汐停车"体验，市一医院周边道路延误指数下降 15%，步行街周边泊位周转率提升 50%，

---

① "浙里改"微信公众平台.【竞跑者】推动"智慧商圈"建设，来看看这些地方的做法（上）.（2022-01-29）［2022-12-27］.https://mp.weixin.qq.com/s/Rhw3OlhrJheKXif4v2kWww.

有效缓解商圈停车焦虑，实现“湖滨畅停”。在基础设施方面，配备智慧导视系统，游客通过交互式触摸屏互动操作即可“找美食”“查交投”“看天气”；完善智慧基础设施，实现 5G 网络、公共 Wi-Fi“醉湖滨”、移动支付全覆盖，盒马鲜生、网易严选等多个品牌均已开通自助结算系统；推动无障碍设施全覆盖，配置无障碍地图服务智能终端，结合 App 应用，提供无障碍地图扫描下载服务；有机串联湖滨商圈党群服务中心、红十字温馨驿站、新时代文明实践中心等地标，配备 AED 急救设施、医疗救助服务、旅游咨询、饮水休憩、手机充电等便民服务。在消费服务方面，推进 24 小时便利店、深夜食堂与无人值守门店布局，引入罗森、全家等多个知名品牌连锁便利店，联华鲸选 24 小时不间断超市，为群众提供全天候购物服务；打造“商品监管云平台”，推广“一铺一码”“一物一码”实现交易溯源，构建“货真价实、质量安全、服务优质、纠纷快处”的优质消费环境。在商圈氛围营造方面，作为全国首个户外地标 5G 直播间，“湖上直播间”2021年开展 110 场直播，累计吸引 1.13 亿人次观看，成交额累计近 5400 万元；推出杭城首个 AR 平行世界，开启线上直播与线下互动的平行宇宙；2021年推出各类商旅文活动 57 场。

　　智慧商圈是智慧城市的基本组成部分，它利用数字化手段为商圈内的来客提供舒适、惬意、人性化的消费服务。为提振商圈活力，满足市民多样化需求，智慧商圈通过收集消费者不同维度的数据，如停车、用餐、购物等，进而对消费者进行大数据分析，形成用户标签和用户画像。这种“数字身份”虽然不太稳定，但在建设大的智慧城市时，以小的智慧商圈作为切入点能够提供很好的桥梁，从而实现“数字市民”的愿景。

三、旅游社交：智慧旅游

如图 5-16 所示，我国国内旅游人数从 2011 年的 26.41 亿人次发展到 2019 年的 60.06 亿人次 [1]，旅游已成为满足人民群众美好生活需要的重要力量。在新时代，旅游者不再只是单纯追求愉悦，更注重满足精神需求和情感需要，旅游可以帮助他们缩短与家庭、朋友乃至陌生人之间的社交距离。

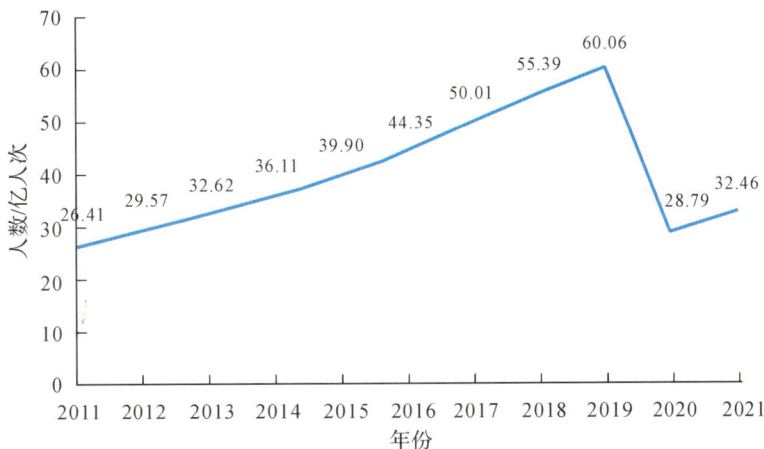

图5-16　2011—2021年我国国内旅游人数趋势

"上有天堂，下有苏杭"这句俗语流传至今已有千年之久，杭州是著名的旅游城市，每年来杭旅游人数众多，数据显示，杭州旅游总人数自 2011 年至 2019 年一直呈快速增长态势，2019 年达到 2.08 亿人次 [2]（见图 5-17）。根据中国旅游研究院发布的报告数据，杭州的游客满意度指数位

---

[1] 文化和旅游部. 中华人民共和国文化和旅游部2021 年文化和旅游发展统计公报［2022-12-20］. https://zwgk.mct.gov.cn/zfxxgkml/tjxx/202206/t20220629_934328.html.

[2] 杭州和文化旅游数据在线文旅数据库［2022-12-20］.https://data.wgly.hangzhou.gov.cn/#/dataPlatform/lnDatabase.

列国内主要旅游城市第一①，这当然离不开杭州推出的一系列智慧文旅措施，比如杭州城市大脑文旅系统"多游一小时"、亚运PASS·文旅一码通等。

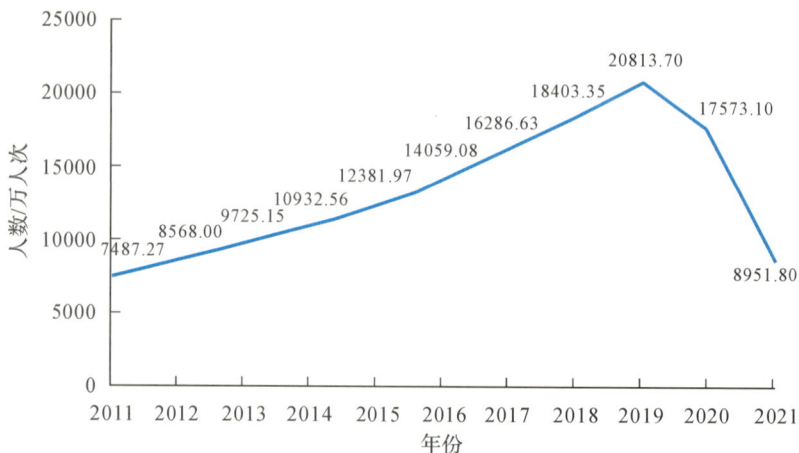

图5-17　2011—2021年杭州市旅游总人数趋势

　　为了适应文旅融合、大众旅游、全域旅游等新时代旅游服务的新需求和新形势，杭州市文旅局针对民众反映最多的旅游治理"痛点"问题，如排队等候、盲目跟从、资讯获取慢以及"游占比"低下等，运用大数据、物联网、云计算等技术优化城市旅游资源配置，让游客在杭州逗留时间不增加的情况下，多游一小时。通过数据汇聚、协同共治和在线服务推出"20秒入园""30秒入住""数字旅游专线""旅游一卡通"四大便民服务。针对景区游客排队等候这一"痛点"问题，杭州市文旅局通过业务协同、技术支撑、数据驱动等方式推进"20秒入园"举措，游客到景点只需打开支付宝扫付款码直接入园，无须排队购票，实现20秒入园。游客只需网上

① 中国旅游研究院.2021年全国旅游服务质量调查报告.（2022-01-10）［2022-12-20］.https://mp.weixin.qq.com/s/y6ZSfvwfvIzJzxStOP9M4w.

预订门票时输入相关信息，线下即可直接扫码入园，缩减窗口购票环节，有效减少景点售票处拥堵及入园排队情况。针对酒店入住排队等候这一"痛点"问题，通过打通酒店 PMS、公安登记、门禁、收单交易、OTA 预订、酒店直销等六大系统，游客仅需进行"扫描身份、人证对比""查找订单、确认入住""制作房卡"三步操作，即可自助快速办理入住和退房手续。全程自助办理仅需 30 秒，为每个房间办理入住平均节省约 4 分钟，提升游客入住体验。数据显示，2021 年 20 秒入园覆盖景区 217 个，服务人次达 1573 万，其中，景区覆盖数桐庐最多，入园服务量西湖风景名胜区列第一；30 秒入住覆盖酒店 759 家，服务人次 1038 万，其中，酒店覆盖数、入住服务量最多的区域均是上城区。除此之外，根据 20 秒入园数据，还能得出杭州 2021 年最受欢迎的文化场馆前三分别为浙江自然博物馆、杭州博物馆、杭州图书馆。[①] 新冠疫情期间，杭州城市大脑文旅系统还赋能疫情防控工作 [②]，2022 年"五一"期间，"多游一小时"场景持续为市民游客提供数字化、便捷化的非接触文化和旅游服务，景区"20 秒入园"累计服务游客 12.73 万人次，酒店"30 秒入住"累计为 5.1 万人次的游客提供了便捷服务。

"亚运 PASS·文旅一码通"是由杭州亚组委、杭州市文广旅游局、杭州市民卡管理有限公司等单位共同合作的项目，通过融合公交地铁码、门票码等各种二维码，游客可以亨受景区入园、文博场馆预约、公共交通出

---

① 杭州市文化和旅游发展中心（杭州市旅游经济实验室）. 2021 年度杭州文化和旅游大数据报告 .（2022-01-21）［2022-12-21］.https://mp.weixin.qq.com/s/ZBu0Ut6PG3IInLy61Rz8gA.
② 杭州文广旅游发布微信公众平台. "五一"假日文旅市场情况综述 .（2022-05-04）［2022-11-22］.https://mp.weixin.qq.com/s/7_5KFtfhx02bs2PtKsRlqQ.

行等"一码通行"服务。这一场景的出现是基于杭州即将举办亚运会这个特殊背景，因此，从亚运会层面来说，赛前，"亚运PASS"集结公共交通刷卡、门票预约、入园扫码等多种功能，使游客实现"一码通行"，提高游客出行效率和体验；赛时，"亚运PASS"将联动其他五个亚运协办城市，推出更多便捷智能的场景，为亚运游客提供一站式的数字观赛服务；赛后，"亚运PASS"将进一步整合酒店住宿、会务签到、政务办事等各类场景，真正实现一码畅游，成为数字化改革背景下杭州公共文化直达、旅游惠民直达和民生服务直达的"超级应用"和"硬核场景"。数据显示，自2021年10月底成功上线公测至2022年4月，"亚运PASS"体验人数近4万人次，总体满意度超过95%^①，成为市民游客参与亚运的重要载体。在市民日常城市生活中，"文旅一码通"（又称CITYPASS，见图5-18）是融合"一码""一库""多场景""多身份"的"数字市民"全域文旅跨域业务一码通行综合应用平台，是利用大数据等技术建立的涵盖吃住行游购娱服务＋身份＋权益的城市通行证结合体，旨在通过一码通实现区域文旅服务中的"身份通""服务通""数据通""权益通""结算通"，同时通过数据智能驱动，为文旅各场景提供个性化的服务。"文旅一码通"被引入老百姓生活的各个领域和环节，通过研发居民统一的码引擎（"一码"），实现景点门票预订、交通出行等多场景的消费链接和权益互通。这一举措不仅提升了市民的出行和消费便利度，还逐步搭建了一个覆盖杭州市全人群、全场景的码体系，将"一码"打造成为杭州数字化治理的特色品牌，并通过数据协同助力城市大脑平台的精准决策和高效治理。

① 杭州2022年亚运会微信公众平台.多码合一，一码通城！"亚运PASS"杭州版升级上线.（2022-04-02）［2022-11-22］.https://mp.weixin.qq.com/s/q5i7CLvEChN9MEVSxpFJXw.

图5-18 文旅一码通（CITYPASS）应用界面

有了一"码"通全城、游全域的数字通行证，就更需要能够提供旅游攻略的工具。"浙里好玩"是基于游客的公共服务应用系统，涵盖了浙江省内 11 个地市数千个旅游景点介绍、交通信息、旅游路线推荐及景点流量数据。游客既可以获取最新最全的浙江旅游热点信息，还能参考旅游达人的足迹，寻找新玩法、新路线。在景区流量模块，依据监测数据对景区当前可游玩的程度作了划分，标记为"舒适"表示实时客流占瞬时承载量的 50% 以内，"适中"为 50%—90%，"限流"为达到 90%。这些数据可以帮助游客更好地规划行程，从而获得更好的旅游体验。

旅游不仅是一个行业，更是一种文化和生活方式。我们应该更好地发挥旅游业的作用，推出更多数字化旅游产品和服务，以满足人们多元化的旅游需求。同时，也要注重旅游的可持续发展，倡导绿色环保理念，推动旅游业向着更加健康、绿色、智能的方向发展。在推广数字化旅游产品和服务的同时，也要积极推广提升数字化旅游素养的有效手段，提高旅游从业人员和游客的数字技能水平，让更多人能够享受数字化旅游带来的便利和乐趣。这样，旅游业将成为数字化时代的一个重要推动力，带动数字经济发展，推进城市数字化治理，进一步推动"数字市民"的全面发展。

四、运动社交：体育健身

随着人们健康意识的不断提升，体育健身作为一种健康生活方式和社交方式已渐成时尚，许多市民借此找到了健康生活方式中的归属感。有调研数据显示，72.1%的受访健身者认为，体育健身作用不仅体现在身体层面，还体现在促进心理健康、增加社交关系方面。[①]

在全民健身时代，浙江省围绕群众去哪里健身、如何科学健身等问题，聚焦群众体育健身领域高频需求，推出"浙里健身"应用（见图5-19），打造体育健身"15分钟公共服务圈"。

"浙里健康"应用依托"浙里办"平台，汇集体育场地、赛事活动、健身指导、体育组织等场景服务，分为全民健身、热门活动、热门服务、办事事项、联盟应用等五大板块。2022年，该应用已覆盖全省130多家公共体育场馆、1000多家城市百姓健身房、8万多个体育场地，基本实现了掌上查询、导航、预约等功能，累计整合体质监测站点100个，上线赛事活动809场，注册社会体育指导员165770名，提供科学健身视频497个，服务人次达235万。[②]

---

① 人民网，Keep.2022国民健身趋势报告.（2022-08-02）［2022-12-30］.http://health.people.com.cn/n1/2022/0802/c14739-32491985.html.

② 浙江微体育微信公众平台.体有所健，活力浙江！省体育局"浙里健身"应用入选省数字社会案例集.（2022-04-24）［2022-12-30］.https://mp.weixin.qq.com/s/Fohy5uidP6n7FrG2OfVgpQ.

图5-19　"浙里健身"服务界面

　　另外，"浙里健身"应用有两处比较引人注意的板块，一处是热门服务板块中的"老年体育服务"，另一处是联盟应用板块中的"亚运场馆在线"。"老年体育服务"内容根据老年人健身需求，整合体育资讯、老年人体育交流活动、健身指导视频、体育场地设施等内容，优选适合老年人的运动项目，如太极拳、健身气功、柔力球、广场舞等。此外，该服务还专门作了适老化改造，点开界面会发现字体变大，栏目分区一目了然，给老年群体减轻了阅读压力，这也是"数字市民"在体育服务领域弥补数字鸿沟、实现数字包容的一面。针对"亚运延期后场馆怎么办"这一社会关切，"亚运场馆在线"上线"浙里办"，市民可通过该应用一键享受场馆的查询、预订、核销、培训、参观等　站式便捷服务，场馆运营方可通过平台发布信息、配置票务、线上接待，管理方可以通过驾驶舱一屏统揽全市健身总体情况和各场馆运营情况。这一系列功能的推出不仅提高了市民参与体育运动的便利性，也为场馆的运营管理带来了数字化转型的机遇。截至 2022 年 11 月 22 日，"亚运场馆在线"累计访问量突破 834 万次，用户数 57 万人，平均日访问量突破 4.5 万次，累计产生订单量突破 38 万，参与健身人数突破 563 万人次。①

五、文化社交：文化惠享

在人们日渐充实、丰富的精神文化生活中，走进图书馆、博物馆、美术馆、文化馆等场馆成为越来越多人推崇的一种社交休闲方式。随着各类公共场馆的数字化发展，"数字市民"的精神文化需求得到极大满足。

作为公共文化服务的主阵地，图书馆在数字化发展以及后疫情时代背景下推进智慧化建设已是大势所趋。2020 年，杭州图书馆启动了"一键借阅·满城书香"服务大提升行动，旨在让大量"沉睡"的图书资源"活"起来，提升市民和读者的幸福感。在此之前，杭州图书馆就已推出过"悦读""悦借""信用借还图书"等服务，不断提升读者体验。2021 年 7 月，"一键借阅"迭代升级为杭州地区公共图书馆线上服务一体化平台（简称"一键借阅"），整合全市 14 家公共图书馆馆藏纸质资源、数字资源、书店和书商的新书资源，集合"线上借书""书店借书""数字阅读"三大读者喜爱的服务场景，杭州市民只需登录"一键借阅"，便可足不出户享受杭州地区公共图书馆的丰富文献和数字资源。数据显示，2020 年，新增用户 3.2 万人，借还文献 14.9 万册次，使用"一键借阅"系统下单 1.73 万次；2021 年，

---

① 杭州改革微信公众平台.杭州改革观察："数字政府"怎样体现民生温度？.（2022-12-15）[2022-12-30].https://mp.weixin.qq.com/s/4mRhOyK8_uzVNCi2S9nA.

新增用户 7.3 万人、借还文献 17.9 万册次、使用"一键借阅"系统下单 2.9 万次；2022 年 1—9 月，"一键借阅"线上服务新增用户 8.5 万人、借还文献 21.3 万册，"杭图微阅读"小程序访问量达 58 万余次。①

　　除了公共图书馆，一座城市里的文化场馆不仅包括"高大上"的音乐厅、美术馆、剧院等，也包括"接地气"的文化礼堂、文化站、社区文化家园等。生活在城市里的市民除了爱看书的群体，还有对演出、展览、培训、讲座等感兴趣的人群。为满足不同群体对不同文化活动的需求，浙江省文化和旅游厅推出"品质文化惠享"应用，并致力于高质量建设"15 分钟品质文化生活圈"②。2022 年 10 月 26 日，"品质文化惠享·浙里文化圈"应用上线，该应用着眼于构建"24 小时不打烊"的在线文化空间，按照"看书、观展、演出、艺培、文脉、雅集、知礼"七大分类，提供省市县乡村五级联动的一体化、模块化服务，并通过用户精准画像，实时推送文化展览、图书借阅、文艺演出、艺术培训、志愿服务等清单，为公众打造丰富多彩的"一站式"文化链接。例如，在看书模块，市民可以在线一键借阅全省公共图书馆近 300 万册藏书，按需选书、在线阅读，还可利用"芝麻信用分"免去借书证和押金，跨区域借阅并享受通借通还、快递到家的服务。在文脉模块，市民可通过考古大师和非遗传承人的讲述，了解浓墨重彩的浙江历史和传统技艺，探寻浙江传承千年的文化基因密码；在雅集模块，市民可以入驻有趣多元的文化生活社区，以文会友，寻找志同道合的朋友；在知礼模块，

---

① 张磊，李镜媛."一键借阅"，让图书馆成为市民的"家庭书房".杭州日报，2022-11-01（12）.
② "15 分钟品质文化生活圈"是指城乡居民走出家门，步行约 15 分钟，即可到达 1 个必备公共文化场馆和 2 个以上公益性公共文化空间，享受高品质的基本公共文化服务，其地域范围为居民住宅区辐射半径 1.5 公里左右。

市民可以加入文旅志愿者团体，参与志愿活动、共享圈层文化，在知礼中践行善举，在奉献中实现价值。

"一键借阅""浙里文化圈"等类似的文化应用场景正在城市中不断涌现，这些应用为市民提供了参与文化活动、享受文化服务、实现指尖上的文化生活方式的机会，进而丰富了他们的精神世界，提高了他们的数字文化素养。除此之外，为更好保障市民享受公共文化服务，浙江省推动形成以政府为主导的基本公共文化服务保障机制，试点建设文化保障卡，让文化保障成为便捷享有、随时参与、应用广泛的公共文化服务模式。

余杭区以"群众需求＋重点保障"为导向，推出荣誉卡、公益卡、惠民卡三种类别的文化保障卡，首先覆盖到"两优一先"、"兴村治社名师"、劳模、工匠、防疫医务工作者、"美丽余杭人"、"最美文化工作者"等区级及以上荣誉获得者、低保家庭、重点优抚对象、家庭经济困难者、残疾人等特殊群体，以及志愿益币在200积分及以上或文明帮帮码时长达到一定数量的志愿者。领卡人员可凭借文化保障卡，在余杭区电影院、书店、剧院、旅游景区、体育场馆等符合条件的文旅场所使用，用户持已激活的卡即可享受购书、看剧、观影、健身、旅游等优惠福利。余杭文化保障卡与多个应用多跨协同，打造智慧文旅新体验，与"看余杭"App、余杭一码通、志愿平台、支付宝等多个应用平台深度融合，线上线下消费场景融合对应，能够让市民群众享受更优质、优惠、多元的文旅服务，进一步释放文化消费潜力，助力"15分钟品质文化生活圈"和浙江省公共文化服务现代化先行区创建。

富阳区推出的"富春山居文化保障卡"，优先保障残疾人、低保、低边、特困、退役军人和企退人员、一线防疫工作人员、民工子弟、文旅志愿者等特殊群体和重点群体的文化权益，持卡市民可在全区博物馆、文化馆、电影院、书店、体育场馆等符合条件的文旅场所使用，持卡市民在使用文化保障卡时可享受到消费优惠或积分奖励。同时，富阳区打造"富春山居文化保障卡（文有惠）"公共文化服务数字化场景，上线浙里办、浙政钉"两端"，对接浙江省智慧文化云、杭州市文旅一码通、志愿汇、富春风尚汇等系统平台，群众可通过此场景获取更丰富的文化资源以及参与文化活动的渠道和途径，进一步提升富阳区公共文化服务水平。

文化保障卡优先保障社会特殊群体和重点群体，后续功能应用并不停留于狭义的"公共文化保障"层面，而是已经上升到广义的"公共文化服务"层面。这一目标旨在让每个人都有机会享受基本公共文化服务，使所有社会成员都能公平地享有文化权利、享受文化服务并且使用文化资源。这反映了数字文化领域公共服务公平可及的理念，让市民在精神共富之路上一个都不会掉队，真正实现文化惠民共享。

第四节　对特殊群体的尊重需求

尊重需求主要是自我尊重和希望受到他人的尊重。尊重的内涵包括平等、价值、人格、修养。从价值理论的角度看，人生而平等是尊重的价值基础。数字化时代，我们需要营造一个浓厚的数字友好包容的社会氛围。我们应平等地向各类"数字市民"群体提供各种公共服务，尤其是老幼妇残等特殊群体，他们需要得到来自社会的尊重、帮扶和关怀。

一、老年人服务

根据国家统计局发布的数据，截至 2021 年末我国 60 岁及以上人口 26736 万人，占全国人口的 18.9%，其中 65 岁及以上人口 20056 万人，占全国人口的 14.2%。[①] 依照联合国《人口老龄化及其社会经济后果》标准，当一个国家或地区 65 岁及以上老年人口数量占总人口比例超过 7%，即进入老龄化社会；65 岁及以上人口占比达到 14%，为深度老龄化社会；超过 20%，则进入超老龄化社会。参照此标准，我国当前老龄化程度已十分严峻。为积极应对老龄化形势，更好实现老年人老有所养，一种新兴的、智慧的养老服务模式应运而生。

以杭州为例，根据杭州市统计局发布的数据，2021 年末全市常住人口中，60 岁及以上的人口为 211.1 万人，占总人口的 17.3%，其中 65 岁及以上人口为 151.3 万人，占总人口的 12.4%[②]，参照联合国标准，目前杭州的老龄化程度较轻。早在 2013 年，杭州就在全国率先探索"智慧养老"项目，随着数字化改革工作的开展，杭州"智慧养老"也开始转型升级。在拱墅区，"智守 e 家"是该区打造的智慧养老"一站式"服务平台，开通全区养老服务统一呼叫热线，24 小时提供服务，平台通过大数据技术对老人精准画像，汇总老人个人信息、健康数据、历年的服务订单和服务人员反馈意见，预测老人服务需求，并通过个性化推荐，将全区养老服务资源录入系统，以便老人在下一次提出服务需求时，平台可直接根据老人住址、老人喜好等个性化因素，筛选出合适的服务机构，安排服务人员上门提供服务。在西湖区，"智慧康养"一体化综合平台涵盖老年人建档、申请、入户评估，提供康复服务、结算等功能，平台通过搭建全区高龄老人健康数据的信息化系统，建立健康档案，并有效连接医院、养老服务机构、照护队伍

---

① 国家统计局 . 中华人民共和国 2021 年国民经济和社会发展统计公报 .（2022-02-28）[2022-11-27].http://www.stats.gov.cn/tjsj/zxfb/202202/t20220227_1827960.html.

② 杭州市统计局 .2021 年杭州市人口主要数据公报 .（2022-02-26）[2022-11-27].http://tjj.hangzhou.gov.cn/art/2022/2/26/art_1229279682_4019875.html.

等服务资源，通过线上和线下服务融合，精准分析康复服务需求，实现了康养服务从评估到服务计划制定、实施、结算的全过程及一体化闭环式管理。在萧山区，"安居守护一件事"场景主要面向高龄孤寡、独居、空巢等特殊困难老人居家安全，利用烟感、气感、门磁、睡眠呼吸监护仪等智能设备，依靠 5G 网络和人工智能算法实现风险告警和预警功能，为居家老人提供全方位安居守护服务。在余杭区，"云上夕阳红"智慧养老服务平台涵盖医疗服务、公共交通服务、公共文化、体育服务、安全照护等应用场景，平台借助应急呼叫器、红外感应、燃气报警器、智慧床垫等智慧终端设备，精准聚类老年群体的具象公共服务需求，实现养老服务全方位监管。

"数字市民"从代际层面可分为"数字原住民""数字移民""数字难民"三种，相较于前两者，"数字难民"是当前数字化改革领域更为关注的群体。老年人在数字化时代面临的数字鸿沟问题日趋扩大，如果他们无法适应这个时代便会被时代所抛弃，因此在数字化改革过程中，数字技术适老化问题是各方都在关注的焦点。适老化改造最常见的主要是网站和 App 改造。有关数据显示，已有 800 多个政府单位完成信息无障碍服务平台建设，实现无障碍功能的网站数量超过 3 万个；320 家网站通过适老化及无障碍水平评测，推出字体大小调整、高亮度对比、语音阅读等功能。[①] 对于 App 改造，一般采用长辈模式，以浙里办 App 为例，多数应用服务在服务界面右上角会设置"切换适老版"，选择适老版之后会发现界面字体、图标变大，比如前一章的浙里健身"老年体育服务"模块，其界面具备大字体、大图标、功能界面简洁的特点。除此之外，如果在浙里办 App 输入"养老"等类似于老年人服

---

① 数字适老化及信息无障碍联盟.数字技术适老化发展报告（2022 年）.（2022-05-17）［2022-11-27］.http://www.caict.ac.cn/kxyj/qwfb/ztbg/202205/t20220523_401701.htm.

务的字样，会直接弹窗推荐开启"长辈版"模式（见图5-20）。

数字适老化更能反映数字社会的价值理念，即"数字以人为本"。[①]因此，"数字市民"建设强调要关注数字技术的普惠性，这不仅意味着提供先进的技术，还需要注重易用性和可操作性。此外，"数字市民"还应积极推动数字技术的老年友好化，即以老年人为主要服务对象，根据老年人的认知和行为习惯设计和开发数字产品和服务，提高老年人使用数字技术的积极性和便捷性，使得"数字难民"摆脱逃避数字化的处境。

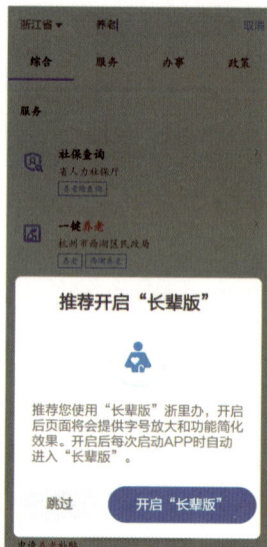

图5-20　浙里办App"长辈版"弹窗

二、婴幼儿服务

0—3岁婴幼儿是"社会最柔软的群体"，但随着现代生活节奏的加快，养娃、带娃成为许多城市家庭面临的一大难题。对于双职工父母而言"时间难"，3岁以下必须要求有一方全职在家，而作出妥协的通常是女性；对于隔代养育而言"观念难"，老人带娃会出现与孩子父母养育观念相冲突的情形；对于送娃入托而言"抉择难"，一方面父母认为送托既现实又科学，另一方面又不敢送托，认为托育机构性价比不高。据有关部门统计，现阶段我国有3岁以下婴幼儿约4000万，超过三成的婴幼儿家庭有送托意愿，但入托率仅为5.5%。为满足人民群众对幼有所托、幼有善育的期盼，

① 陈德权，杜天翔.数字适老化的实践逻辑、概念阐释与实现路径.电子政务，2022（12）：101-110.

各地开始探索高质量普惠托育新模式，向社会提供更优质、普惠、可及的照护服务，实现舒心育托。

早在 2018 年，拱墅区领先浙江全省，率先探索 3 岁以下婴幼儿照护服务，并于 2019 年 12 月被中国计生协会确定为全国唯一示范创建区和国家级婴幼儿照护示范项目点，随后不断完善"阳光小伢儿·幸福 365"婴幼儿照护服务体系。为确保更多家庭能够就近享受托育服务和养育照护学习，拱墅区新建了多家"阳光小伢儿"机构和驿站，让市民"有地可托"。为了保证市民能够"托得起"，街道在引进托育机构时免费提供公共配套用房，卫生健康部门提供技术支持以降低机构运营成本，进而控制收费价格，截至 2021 年 11 月，拱墅区已无偿提供 4800 多平方米配套用房，普惠托育价格收费标准基本为市场价格的 6 折左右。① 为解决市民对托育安全的担忧，拱墅区打造了"阳光小伢儿·智慧妇幼监管服务平台"，在浙里办平台上线"托育一件事"，并升级推出了"养育照护一键通"2.0 版。智慧妇幼监管服务平台作为治理端的数字驾驶舱，打通了全拱墅区婴幼儿人员密度分布、杭州市母子健康手册、全区托育机构的设置分布、运营情况、雪亮工程的实时监控等外部数据接口，归集了来自卫健、民政、公安、市场监管、住建、发改等部门数据，实现拱墅区全域信息资源共享互认，政府部门通过该平台可全面掌握辖区托育服务概况、托育机构信息、实时监测幼儿在园情况、辖区内孕妇及婴幼儿健康管理情况。在"托育一件事"应用上，市民可查找附近已备案的托育机构和成长驿站、一键预约体检、在"育儿帮帮团"得到专业"育儿参谋"的帮助、了解托育机构照护人员的风采，

---

① 杭州网. 拱墅区探索 3 岁以下婴幼儿"高质量陪伴". （2021-11-04）［2022-11-30］.https://hznews.hangzhou.com.cn/kejiao/content/2021-11/04/content_8087972.htm.

另外，市民还可以在该应用界面直接进入"养育照护一键通"。"养育照护一键通"应用包括养育照护宝典、养育活动预约、保健托育服务、体检预约通道、公益与培训等五大子场景功能模块，无论是养育照护知识查询，就近的社区儿童保健机构信息查询和入托报名，婚检、孕检、阶段性养育评估儿童入托体检等体检的线上预约，还是报名参加各类养育照护业务培训，都能实现一键直达。截至 2022 年 6 月，该应用实时浏览量达 100736 次，入托体检服务 10827 人次；托育资源包括在线浏览社区成长驿站 43 家、临时托机构 42 家、日常托机构 67 家，提供普惠托位 1328 个，每千人托位数 4.2，3 岁以下儿童入托率从原来 7% 提升到 10.4%，18 个月以上儿童入托率从 11% 提升到 18.9%，突破"没地托""托不起""不方便托"难题。[1]

婴幼儿托育服务的提供，是"数字市民"在"幼有所育"民生保障方面的重要体现。其中谈到的"普惠托育"可以理解为托育服务具有可利用性、可适应性、可接近性、可负担性、可接受性五大特征，简单来说就是方便可及、价格可接受、质量有保障，能够满足市民家庭多元化的托育诉求，实现高品质舒心托育。总的来说，通过"普惠托育"，可以使更多的婴幼儿享有优质的托育服务，促进幼儿教育公平发展，同时也可以减轻家庭育儿压力，提高家庭生活质量。在数字化改革背景下，通过数字化手段提供更便捷、高效、智能的托育服务，有助于提高托育质量，优化托育模式，促进婴幼儿全面发展。这样，从"幼有所育"走向"幼有优育""幼有善育"将成为可能，为"数字市民"在托育领域带来更大社会效益。

---

① 健康浙江微信公众平台 . 破解三大难题！拱墅区打造"养育照护一键通"应用场景 .（2022-06-22）［2022-11-30］.https://mp.weixin.qq.com/s/rVNg16xaDphFx6mpkU-vKg.

三、妇女儿童服务

妇女是经济发展、社会进步的重要力量,儿童是国家的未来、民族的希望,他们的生存发展和权益保护是衡量社会文明的重要标志。因此,我们必须尊重他们的权益,让尊重和关爱妇女儿童成为国家意志、公民素养和社会风尚。2022 年 10 月 30 日,第十三届全国人大常委会第三十七次会议表决通过新修订的《中华人民共和国妇女权益保障法》,该法进一步强调了保障妇女在政治、经济、文化、社会和家庭生活等各方面享有同男子平等的权利,确保广大妇女平等参与社会生活、平等获得发展机遇、平等享有发展成果。

2022 年 9 月,浙江省妇联上线"浙里家·连心桥"应用。该应用围绕妇女儿童和家庭的高频需求,打造了七个子应用,包括"四必访四必应""和睦 e 家""家庭教育""亲职教育""家门口创就业""巾帼共富工坊""巾帼红·家力量"等。其中,"和睦 e 家"应用重点关注婚姻家庭纠纷,特别是家暴案件的发现和处置、关联对象的帮扶等,提供家暴维权、家事调解、法律咨询、法律援助、人身安全保护令申请及反家暴庇护所查询等六大服务功能;"家庭教育"应用聚焦全周期的家庭教育服务,包括家学习、家成长、家活动三大服务模块,例如家成长模块中的"亲职教育"为特定未成年人家庭提供家庭教育指导服务。自"浙里家·连心桥"应用上线至2022 年 9 月,全省 20.3 万执委上线使用"四必访四必应"子应用,开展走访并建立家庭档案 57.37 万户,联动公安、法院、民政等部门数据,化解婚姻家庭纠纷 6680 件,服务妇女儿童和家庭 84.83 万次。[①]

面对未成年人群体(见图 5-21),在温州泰顺,"智护幼苗"应用通

[①] 浙江女性微信公众平台.浙江省妇联上线"浙里家·连心桥"应用 推动妇联改革走深走实.(2022-09-10)〔2022-12-02〕.https://mp.weixin.qq.com/s/dtOQFym5KzsG6iERKxeQDA.

过主动发现、预警保护、救助关爱等场景，确保困境儿童"应保尽保""应护尽护""应帮尽帮"：主动发现场景打通公安、残联等部门数据，实现信息共享和协同联动，确保找准每一个困境儿童，对于信息无法通过数据共享的，由村儿童主任走访发现并上报以实现查漏补缺找全人；预警保护场景在高危水域、网吧、酒吧、KTV 等场所新设或共享监控预警设备，第一时间劝离困境儿童；救助关爱场景创新打造困境儿童生活补贴"一件事"，并采取儿童按需发布、爱心人士认领方式，实现"微心愿"供需精准匹配，最大程度地满足困境儿童的生活需求。应用上线 4 个月，主动发现困境儿童 13 人，同比增长 62.5%，应用全结构算法，在全县高危水域、网吧酒吧、KTV 等重点场所劝离困境儿童 500 余人次，爱心人士共认领微心愿 320 个。[①] 在台州，"益童护"应用专注于解决特需未成年人保护中的重点难题，如预警难、帮扶难、协同难、监督难等，该应用汇集政府、家庭、学校、社会、司法等各方力量和资源，建立了大脑预警、亲亲组团、专项整治、强制报告、从业查询、履职晾晒六大子场景，以实现对特需未成年人的全方位保护。[②] 在湖州安吉，"安心长"应用为未成年人提供一站式多维度帮扶救助，截至 2022 年，已为全县 6.85 万名未成年人提供动态监测精准服务，收集微心愿 1000 余个，形成探访关爱记录 2000 余条，平台预警 100 余条，累计访问量达 1.6 万人次。[③]

---

① 高立宝，孙斌.泰顺"智护幼苗"应用亮相温州市数字化改革路演观摩会.（2022-11-24）［2022-12-02］.http://www.tsxw66.com/system/2022/11/24/014616188.shtml.
② 台州民政微信公众平台.台州"益童护"荣获省民政厅民政数字化改革第二批"优秀应用".（2022-10-11）［2022-12-03］.https://mp.weixin.qq.com/s/BtqnpHQqg7p2w8kBwrz5sw.
③ 安吉组工微信公众平台.现代社区进行时丨安吉县打造"安心长"数字化应用赋能"一小"安心成长.（2022-09-02）［2022-12-03］.https://mp.weixin.qq.com/s/2Moct-9gspXG9tRhL3YJVA.

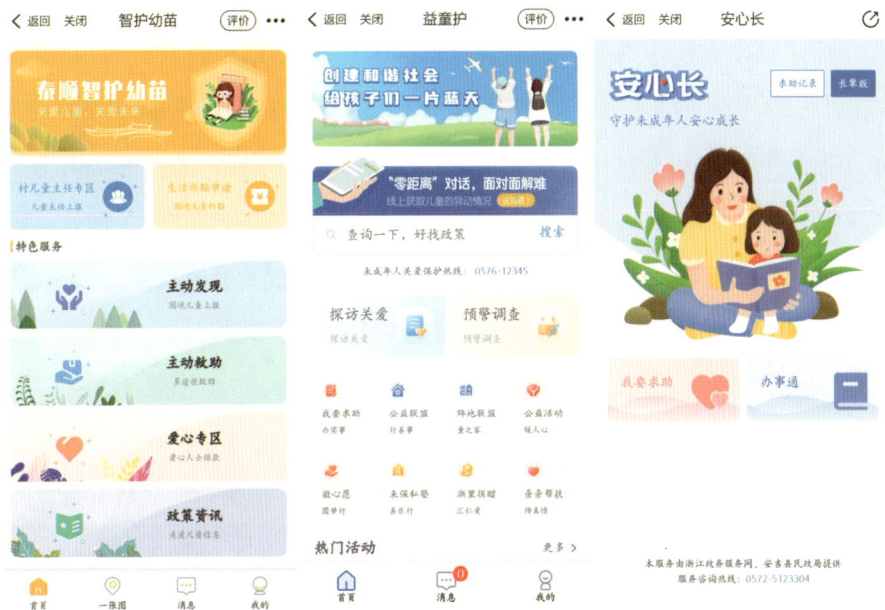

图5-21　"智护幼苗""益童护""安心长"应用界面

在当今数字化时代，保护好妇女和儿童的权益已经成为"数字市民"最基本的素养之一。网络暴力、网络欺凌、性别歧视等问题的出现，使得数字素养的重要性愈发凸显。因此，要保护妇女儿童的权益应高度重视数字素养的教育和培养，提高人们在数字世界中的安全和自我保护能力，为未来"数字市民"的发展奠定良好基础。

四、残疾人服务

当前我国残疾人总数已达 8500 万，对于广大残疾人而言，他们在需要外界给予一定关照的同时也希望能得到同等的尊重。例如，2022 年 3 月，中国残联宣文部印发了《关于宣传报道中残疾人及残疾人工作有关称谓的通知》，公布了 10 条关于残疾人及残疾人工作的规范称谓，这是从媒体宣传角度来推动对残疾人的尊重。尊重残疾人还体现在保障他们平等地共享城市公共服务。残疾人公共服务既是政府公共服务体系的重要组成部分，也是维护残疾人基本权益的重要途径。从某种程度来说，残疾人对公共服务的依存度远远高于其他市民。随着我国进入数字时代，如何帮助残疾人跨越数字鸿沟，让其共享数字化改革带来的红利，成为极为重要的问题。

2021 年，杭州市残联围绕残疾人全生命周期服务需求上线"数智助残"系统，并推出"辅具智配""无障碍出行""政策超市""我要健康""我要就业"等与残疾人密切相关的应用场景。"辅具智配"场景针对以往辅具配送中出现的服务周期长、个性化程度低、过程管控难等问题进行改革，重塑残疾人需求提交、对象识别、服务承接、辅具配送、经费等服务流程，实现残疾人辅具智配的"精准匹配和服务的快速便捷"；"无障碍出行"场景通过对城市无障碍环境的标准化数据采集、部门数据协同，生成无障碍环境地图数据，为残疾人提供无障碍在线查询、出行导航和环境播报等服务，帮助他们畅行无碍；"我要就业"场景以残疾人就业需求为导向，残疾人可通过该应用场景获取招聘岗位、在线职业能力评估、职业指导和创业补贴等就业信息服务，可在线编辑、发布个人求职简历，可在"人岗智配"模块，根据自己的求职简历，自动和招聘岗位进行条件匹配。

除杭州以外，浙江省其他城市也推出具有自身特色的城市助残服务（见图 5-22），并上线"浙里助残"专区。比如嘉兴"助残嘉"应用围绕残疾人全生命周期服务要求，聚焦保障、就业、健康、教育、养老、文体、托育、居住等"八个一件事"，为残疾人提供文化特需、辅具适配、微心愿、无障碍改造、云志愿、志愿服务等特需服务，以及残疾人证办理、社会救助、燃油车补贴等8件关键小事速办，帮助残疾人享受最便捷服务，截至2022年，已有用户15544人，点击量74713次，已解决残疾人需求726个，化解微心愿375个。[①]再比如金华，在其应用服务大厅界面设计了精准康复板块，一个是"金·辅具"应用场景，可以为残疾人提供"淘宝式"辅具适配服务，另一个是"金·儿童"应用场景，可以为残疾儿童提供"云康复"、补贴"无感办"等服务，都是具有金华特色的场景服务。

图5-22　"数智助残""助残嘉""金华浙里助残"界面

　　每一个社会成员的生活加速向线上迁移，呈现出人们对数字生活智能化普惠的强烈愿望和多样化诉求。推动数字产品和服务普惠，既是创新数

---

① 嘉兴市残疾人联合会微信公众平台."助残嘉"应用入选省数字社会最佳案例.（2022-08-12）〔2022-11-15〕.https://mp.weixin.qq.com/s/dulh6zk-Y51PLO8qjjOHag.

字消费业态、面向未来的智能化要求，更要从产品与服务设计开始就把社会价值和需求纳入考量，以此作为实现产品和服务社会普惠的契机。①"数字市民"满足特殊群体的尊重需求，需要社会各方面共同努力，我们应为特殊群体提供多元化的服务和包容性的数字产品，从而实现数字社会的共享、普惠和可持续发展。

第五节　对公民权利的自我实现需求

自我实现需求是马斯洛需求层次理论中的最高层次需求，是指个体最大程度地发挥个人的能力，实现个人理想、抱负，完成与自己的能力相称的一切事情，成为更好的自己的需要。在"数字市民"中，自我实现需求主要体现在数字权利方面，这种需求可以是对公民基本权利的行使，如受教育权、表达权、参与权、监督权等，也可以是对自身合法权益的维护。

一、多元教育需求

在马斯洛需求理论中，教育不仅仅体现在自我实现需求上，还包括了社交需求、尊重需求等层面，而自我实现需求层次上的教育需求主要聚焦于市民的受教育权。宪法规定，受教育的权利主体包括全体公民，这就意味着，每一个人，无论是儿童、青少年、成人还是老年人，都有权利接受优质的教育。党的二十大报告提出要"推进教育数字化，建设全民终身学习的学习型社会、学习型大国"。按照联合国教科文组织的解释，终身学习的五大基本要素涉及所有的年龄段、教育水平、学习时间与空间、采用各种学习方式以及服务多种目的。从政府方和其他利益攸关方来说，就是

① 邱泽奇．聚焦关键领域 构建普惠便捷的数字社会．中国网信，2023（3）：46-51.

需要在所有生活范围内（家庭、学校、社区、工作场所等），通过各种形式（正式和非正式）为所有年龄层创造学习机会。由于终身学习始于出生并贯穿于人的一生，因而它也能体现在受教育权中。在满足全民终身学习的教育需求上，"数字市民"实现了学校、家庭、社会的协同育人，为特定群体提供了更广泛的机会和资源。

在学校层面，"数字市民"满足学校教育需求。为有效缓解入学难问题，将最新的教育资源饱和程度和入学相关政策及时有效地传达给学龄儿童家长，引导他们有序地流动到教育资源更充足的区域，充分实现教育资源的优化配置，余杭区推出"入学早知道"应用场景。该应用为市民提供了"看学校""查政策""搜匹配"等三大功能模块，通过查询，家长不仅可以了解到学校的地理位置、学区范围、学校实景、办学特色、师资情况，以及学校过去三年学位情况和未来三年招生报名预警情况，还可以查看幼儿园、小学、初中、高中等学校的招生政策信息，以及培训机构最新的考核信息等。截至 2021 年 8 月，场景累计访问量达到 22.7 万人次，其中 25—34 岁年轻家长占 70.6%，平均访问时长 4 分 27 秒。一方面，场景极大提升了教育咨询服务质量，关于入学入园问题线上线下的上访和咨询量同比分别下降 80% 和 52%；另一方面，群访、越级上访问题得到有效控制，2021 年秋季招生整体工作平稳有序，家长满意度有了很大提升。

在浙大城市学院，为加快数字治理第一校建设，学校运用城市大脑的理念和技术，建设"校园大脑"，实现"一脑治校园、两端同赋能"，让师生感受数字校园带来的便捷，同时，学校还探索推出"学在城院""数智一课堂""数智二课堂"等应用建设。其中，"数智一课堂"应用场景围绕学校教育教学核心工作，打通智慧教育、智云课堂、课程平台，解决了现场教学无法留痕、线上线下不对接、教学无法闭环、督导受时空所限等痛点，该场景覆盖了线上备课、课前预习、课堂教学、课后测评、课后复习、学情分析、迭代提升等多个环节，实现了教学过程的闭环。"数智二课堂"应用场景通过中枢协同，实现了与政府文旅系统以及企业文旅绿码文博系统的联通，联动应用场景，学生可共享全省 1610 家文博场馆、550 家红色场馆，以及全国 8840 家博物馆等第二课堂资源，再以"行走的思政课"等线下活动辅助课堂实现立体化呈现，"校内 + 校外"、"线上 + 线下"的教育模式让学生对知识的理解更入脑入心。另外，依托数智文旅综合服务平台，通过"爱城院"协同业务系统数据将积分智能化兑换为第二课堂分值，形成学习开放性、内容个性化、过程有轨迹、积分可兑换、成果可输出的学习运行机制。

在家庭层面，"数字市民"满足家庭教育需求。"家庭教育"是"浙里家·连心桥"中的一个子应用，主要包括家学习、家成长、家活动三大服务模块。在宁波市鄞州区，多样化的家庭教育课堂不断在"家庭教育"子应用上线，丰富的课堂得益于鄞州区妇联以省级社区（村）家庭教育指导服务体系标准化建设试点区建设为载体，将队伍、活动、阵地由线下迁至线上，并不断扩大"家庭教育"应用场景覆盖面。截至 2022 年，"家庭教育"应用场景累计访问量达 23588 人次。除此之外，鄞州区妇联邀请 7 位家庭教育、心理健康、婴幼儿照护等领域的专家入驻线上平台，线下配套开展家庭教育基础课程指导 111 场次、儿童心理健康教育指导 37 场次，更新上传共享课堂 11 堂，推送"浙江社区家庭教育共享课堂"和"浙江家庭教育云课堂"75堂，辐射家长儿童 3000 余人次。[①] 在台州市路桥区，"亲职教育"应用是"浙

---

① 浙江鄞州打造数字化平台提升妇儿幸福指数 . 中国妇女报，2022-11-30（1）.

里家·连心桥"重点培育应用，该应用内含政策解读、在线课堂、亲职陪伴、服务链接四个子场景，设有"我点单、我咨询、我加入"互动空间模块，提供全方位、精准化的"一站式"亲职教育指导服务。截至 2022 年 11 月，该应用平台注册用户超 8 万人，总点击量 15 万余人次，总访问量 41 万余人次；线上共汇集"亲职教育"必学课程 8 门、选学课程资源 173 节，课程满意率达 99.2%；已累计为 115 户未成年人家庭提供"亲职教育"服务，帮助修复亲子关系 46 对。①

在社会层面，"数字市民"满足社会教育需求，不再局限于传统教育模式，也包括社区教育、校外培训机构教育。在浙江，未来社区教育场景是终身学习理念的重要实践途径。比如余杭区的南滕未来社区，为打造全生命周期的学习型社区，联合相关部门共同探索"托幼一体化"托育服务模式，为全社区 3 岁以下适龄儿童提供托育服务，通过引入托育服务专业团队，设置托育点，满足社区家庭的托育需求，同时配建 3 所 15 班幼儿园和 1 所 48 班小学，实现幼小扩容提质。此外，南滕未来社区还打造了全年龄功能复合型幸福学堂，通过在邻里中心三层幸福学堂、文化艺术中心、幸福学堂地块中引入四点半课堂、美术类培训等，借助书店、美术馆等艺术氛围熏陶，强化艺术教育培训，最终实现教育兴趣、艺术素养、素质拓展等的提升，社区还引入达人资源库，利用数字化平台整合社区内的达人，实现"达人认证"，共建社区线上共享知识库，推进"全民全龄全时"学习。再比如萧山瓜沥七彩社区，该社区的教育空间包括 23 处室内教育空间及 9 处室外教育空间。室内教育空间包含与萧山图书馆通借通还的永兴书房、用于开设公益课程的七彩人生健康生活馆、

---

① 路桥先锋微信公众平台.现代社区实践"路"｜路桥区打造全国首个强制"亲职教育"平台.（2022–11–08）〔2022–12–23〕.https://mp.weixin.qq.com/s/Virp6P6wj8j4AntQwwWunA.

用于开展社区文化教育活动的文化客厅，以及用于学习昭东剪纸及萧山花边等非物质文化遗产的非遗厅。室外教育空间包括用于书法、绘画学习作品展示及公益活动的文化广场、用于室外休闲阅读和课程的屋顶花园等。七彩未来社区积极挖掘本土文化，开展昭东剪纸、萧山花边、伯年文化、浙东婚俗文化等多种形式的文化教育与文化传承活动。同时，社区居民自行开设了约60种类型兴趣课程，如英语外教公益课、科学常识公益课、声乐公益课等，并创建了剪纸社、朗诵社、滑板社、汉服社等17个社团，裂变成34个社群。社区还推出了78种类型的公益课，举办了1300多场次邻里文化活动与公益课。线上，依托区教育局开发的萧山"社区教育"应用（见图5-23），居民可以随时随地学习省市区各级优质教育资源，七彩社区累计注册人数超过2500人，在线学习人次超过4万人次。

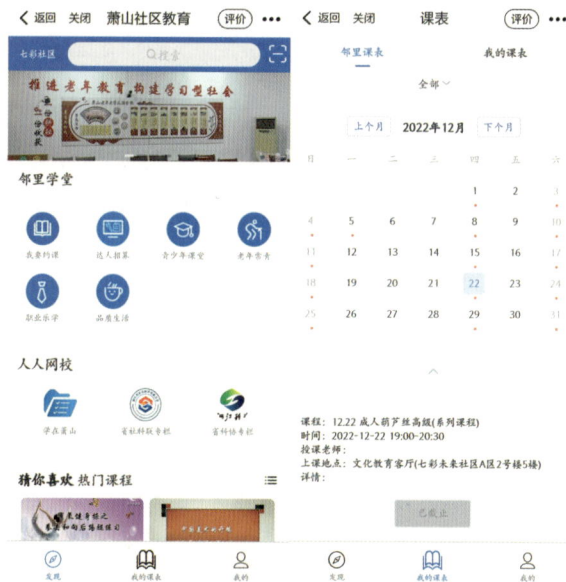

图5-23   "萧山社区教育"应用界面

至于校外培训机构教育，它在学校教育的基础上，为越来越多的学生提供了更为丰富的教育，对于许多家庭来说，参加校外培训是教育的拓展，也是教育的有益补充。然而，一些校外培训机构存在虚假宣传、无资质办学、假名师、乱收费、加重学生负担、卷款跑路等问题。作为培训学员和家长，面对铺天盖地、五花八门的机构培训广告，需要花费巨大的精力来分辨优劣，基本上是凭经验或者口碑来选择机构，无法及时获取机构相关的、来自政府相关主管部门的最新权威信息，因此，校外培训机构透明度有待加强。为此，杭州市教育部门基于城市大脑推出"安心培训"应用场景，广泛集成教育系统内部数据、校外培训机构以及市场监管、民政、发改、金融等部门数据，汇集了办学许可证、营业执照（民非登记信息）、信用、资金、课程、师资等数据，从而完善了校外培训机构数据画像。该应用以地图形式展示全市 1600 余家校外培训机构，家长可以通过电脑端或移动端实时查阅杭州市官方发布的校外培训机构，并根据地理位置、学科、学段年级、培训内容等查询适合的校外培训机构，同时还支持一键导航，方便家长查看前往路线。另外，"安心培训"还为校外培训机构提供了行政审批、年检、课程审核备案、教师资格核查等方面的指引或线上服务通道。"安心培训"进一步规范了杭州市校外培训机构的办学行为，维护了校外培训机构和学员的合法权益，为学员提供了更优质的校外学习环境，提升了校外培训的透明度和便利度，提高了广大学员的获得感，同时也提高了全市教育公共服务的标准化、智能化、便捷化水平。"安心培训"还进一步增强了教育的公平公开性，促进了社会和谐，同时也为共建共享学校教育与校外培训的良好生态作出了贡献。

2021 年，浙江省启动实施"教育魔方"工程，旨在通过数字化改革推动教育治理现代化，建立学校家庭社会协同育人机制，为"数字市民"在教育领域的深入发展提供了强有力的支持。教育魔方工程打造了"学在浙江"全民数字学习平台，其中的"浙学码"（见图 5-24）作为一个可信数字身份账户，主要面向浙江省范围内学生、教师、教育机构及各类学习者，能够实现线上跨平台信息共享以及线下学习者身份验证。学习者在线下各类教育相关场所的学习经历都能得到真实而详尽的记录，形成学习档案。"数字市民"强调数字身份，而"浙学码"的出现则赋予了"数字市民"一个可信的"数字身份证"，未来还会随着学习者身份、地点、场景的转变实现不同功能，做到一码千面。

图5-24   "学在浙江"应用界面

二、公众参与需求

伴随着我国经济、政治、社会的现代化发展，人民群众的民主意识日益增强,越来越多的市民群众主动参与城市数字治理,积极表达意见。在数字化改革时期,我们应积极畅通民意渠道,确保市民群众的知情权、表达权、参与权和监督权得到充分保障,以实现更加开放、民主和透明的城市治理。

"数字市民"享有参与权。"红茶议事会"是由拱墅区小河街道首创的一种基层民主协商共治新模式,目前,小河街道依托"城市眼·云共治·小河网驿"平台,将该模式从最初的会议工具升级为协商工具,并开发了与线下民主协商相匹配的线上应用场景。在民意汇集环节,通过对舆情热点抓取、居民信箱小程序、信访业务数据等各类数据的收集,平台形成民意数据库。然后平台通过多维度分析比对,筛选出辖区焦点问题并生成线上"红茶议事会"议题。平台广泛发动居民、商家、物业等主体参与共治,调动各方的内生动力,实现从"他治"向"自治"的转变。截至 2021 年 12 月,汇集民意数据 5371 条,召开红茶议事会 120 场次。同时,对所有参与的"红茶议事员","城市眼·云共治"平台汇集他们的线上签到、参会频率、意见发表与采纳等数据,从关心事项、专长偏好、议事能力等维度形成"议事员画像",并建立"红茶议事员"库,清晰地展示了每个人对哪类议题更关注,哪类议题有哪些人提出了专业意见,让人一目了然,做到让合适的人开适合的会,截至 2021 年 12 月共入库"议事员"1170 余人。

"数字市民"享有表达权。2021 年,杭州市上线"民呼我为"数字平台,集成了杭州原有十大民意载体,包括 12345 市长热线、"我们圆桌会"、"公述民评"等。通过线上线下结合、上下条块贯通、政府群众互动,该平台实现了民意需求实时掌握、办理进展实时查询、办理结果实时反馈以及群众评价实时呈现。市民只需打开"民呼我为"数字平台,就可以反映建议和问题，这些问题线索会被分发至相关职能部门办理。在西湖区，为了让群众办事更便捷，西湖区推出"民呼我为·西湖码"综合应用，只要用手机扫一扫，即可一键进入报事页面。页面分为"我要报""我要帮""助企业""助基层"四个模块，实现了群众"呼声""一码速达"。2022年3月，"民呼我为·余杭码上办"智治平台上线，该平台设立"我要问、我要帮、我要报"三大功能。其中，"我要问"提供了群众关于民生大事小事、政策规定、服务信息等方面的咨询解答服务，"我要帮"主要收集群众需要政府帮助或解决的问题，"我要报"针对群众在行政管理、社会管理、公共服务等方面存在的问题，提出意见、建议和投诉请求。通过这些数字平台，市民可以方便地表达他们的意见、需求和问题，相关部门可以及时了解市民的声音，并采取相应的措施解决问题，增进政府与市民之间的互动和沟通，增强市民的参与意识，提升治理的效率和透明度。

"数字市民"享有监督权。浙江省于2019年推出了"浙里督"平台（见图5-25），作为全国首个综合型"互联网＋督查"平台，它不仅为市民提供了了解政府工作的途径，也为市民监督政府工作提供了方便。在该平台上，"重点督查"模块包括政府工作报告、督查政务公开、督查线索征集三个部分，市民可以了解政府当前开展的重点工作，对没有落实到位的政策可以提出意见建议；"绩效管理"模块分为绩效考评、督查激励、部门绩效画像三个专题，市民可对政府绩效考评和督查激励等情况进行检阅；"民生实事"模块分为意见征集、网络投票、完成情况以及公众评价四个内容，市民可参与民生实事的提、定、督、评四个环节，例如在2021年民生实事公众评价部分（见表5-2），市民可对十大民生实事进行评价，其中"普惠教育"参与评价人数最多，有58万多人，好评率高达98.7%。通过"浙里督"，"数字市民"积极参与社会监督, 提出意见和建议, 评价政府工作, 从而实现监督权的行使, 促进政府工作的改进和城市公共服务质量的提升。

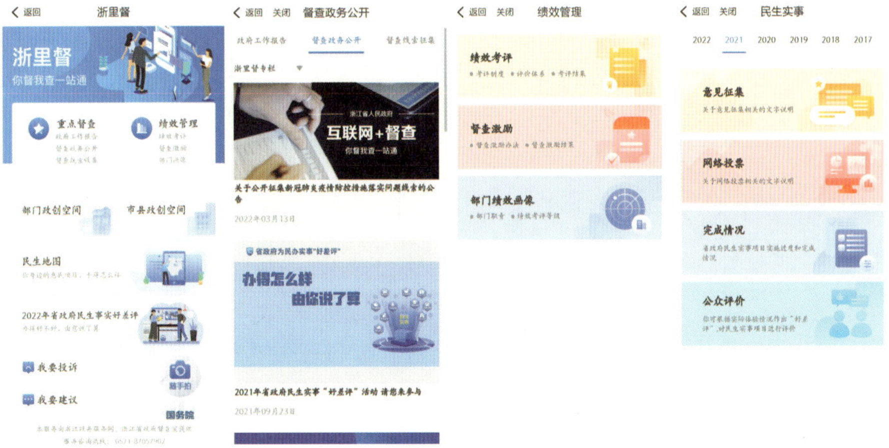

图5-25　"浙里督"手机端服务界面截图

表5-2　2021年省政府民生实事"好差评"

序号	民生实事项目	具体内容	评价人数		好评率 /%	
1	便民车检	车检"一件事"	62014		99.2	
2	交通治堵	实施拥堵路段改扩建	49637		98.4	
		建成城际铁路及轨道交通	1376		93.7	
		建设改造公交站点	14526	6.9 万	98.4	98.2
		建设城际铁路及轨道交通	1521		96	
		爱心服务车队	1898		97.3	

续表

序号	民生实事项目	具体内容	评价人数		好评率 /%	
3	食品安全	新增全程可追溯的食品生产经营主体	53059	31 万 +	99.1	98.3
		建成食品生产企业"阳光工厂"	12212		99.3	
		农村家宴"阳光厨房"	21976		98.9	
		实现学校食堂"阳光厨房"全覆盖	190803		97.8	
		建设民生药事服务站	37138		99.3	
4	养老服务	组织开展康养联合体试点	4524	7.1 万	98.3	98.8
		新建乡镇（街道）社会工作站	18589		99.2	
		新建乡镇（街道）居家养老服务中心	6253		98.3	
		新增困难老年人家庭适老化改造	41593		98.7	
5	助残康复	提升建设"残疾人之家"	24521	6.5 万	98.9	99.0
		提升建设残疾儿童康复机构	40765		99.1	

续表

序号	民生实事项目	具体内容	评价人数		好评率 /%	
6	河湖整治	建设水美乡镇	8564	9.4 万	98.7	99.3
		建设美丽河湖	7822		99	
		整治病险山塘	8804		99.3	
		农村池塘整治	35026		99.4	
		干堤加固	1515		98.5	
		病险水库加固	4820		99.1	
		新（改）建水文测站	22006		99.7	
		中小河流综合治理	5538		98.9	
7	公共卫生	新增村卫生室	26318	4.0 万	98.7	98.6
		实施传染病院（病）区改造	7368		98.1	
		实施疾病预防控制中心标准化改造	6427		98.6	
8	全民健身	新增体育公园	1611	2.9 万	95.4	98.0
		新增百姓健身房	10438		98.5	
		新增村级全民健身广场	2618		97.7	
		新增足球场（含笼式足球场）	1691		96.5	
		新增社区多功能公共运动场	4860		97.3	
		新建绿道	7308		98.9	

续表

序号	民生实事项目	具体内容	评价人数		好评率 /%	
9	普惠教育	新（改扩）建中小学	18708	58 万 +	98.4	98.7
		新（改扩）建农村普惠性幼儿园	13088		98.8	
		新增城乡教育共同体结对学校	557902		98.7	
10	农村出行	新（改）建农村公路	9542	2.8 万	98.7	98.9
		实施农村公路安防工程	3968		98.5	
		实施农村公路养护	14129		99.1	

数据来源：浙里督。

三、法治服务需求

人民群众在实现自身目标过程中需要具备较高的法治意识和法治素养，要知法懂法、遇事找法、维权依法。与之相应的，政府部门应提供高质量的法治服务，以提升"数字市民"的数字法治素养。

例如，在杭州滨江，为有效化解法院诉前纠纷、以非诉讼方式解决矛盾，优化法治环境并促进和谐发展，滨江区充分发挥创新企业集聚的优势，运用大数据、云计算、区块链、人工智能等前沿科技，创新建设了集智能分案、分层过滤、多渠道解纷、大数据监管等功能于一体的"一码解纠纷（诉讼）"平台，完善了社会矛盾纠纷的多元预防、调处和化解综合机制。

一是首创"调解码"，实现"一码"智能分流。在收到诉讼材料后，该平台依托浙江ODR平台生成专属"调解码"作为诉前调解案件的标识。通过提取关键信息并与历史调解案件信息进行比对，平台可自动确定纠纷类型，并智能地将其分配到相应的调解机构。这一过程可以最大限度实现解纷需求与解纷资源的精准对接，比如将重大敏感或群体性纠纷分配至联合调解机构，将医疗、交通、物业等专业类纠纷分配至专业性调解机构等。同时，整个纠纷解决过程都被记录于"调解码"中，通过一部手机随时扫码即可掌握纠纷化解概况，实现全流程在线解决纠纷。为进一步规范纠纷解决过程，平台引入"健康绿码"概念。根据矛盾纠纷的类型、危害程度、紧急程度、影响范围等设置不同颜色的纠纷专属"调解码"，如"黄、橙、蓝、红、绿"五色"调解码"分别对应诉前引调、纠纷调解、纠纷转诉讼等环节，贯穿纠纷解决全过程。其中，黄码对应初次受理阶段，橙码对应二次流转调解阶段，蓝码对应法院登记引调阶段，红码对应调解失败，此时当事人可在线申请法院立案，而绿码表示调解成功。通过引入"调解码"，平台打通了与矛调中心、法院诉服中心之间的渠道，形成了以法院诉服中心为核心、前端诉调案件化解、后端在线司法确认、诉讼立案并举的纠纷治理闭环。这一模式可以推动多数纠纷以非诉讼方式及时就地解决、少量纠纷通过诉讼程序化解，有效减少了诉讼增量，提升了诉源治理水平。截至 2020 年 9 月，民商事案件调解前置率、分流至矛调中心比率、法院诉前委派调解率"三率"分别为 61.29%、88.17%、6.61%，均得到有效提高。

二是打造线上矛调中心，建设诉源治理云端空间。平台建立了线上调解室，为当事人和调解员提供语音、图文、视频等多种沟通方式，突破时空限制，打造异步调解模式，实现了从"最多跑一地"向"一地都不用跑"的转变。调解员可通过平台一键拨打当事人联系电话，若联系方式已失效，还可在线申请失联修复，进一步提高当事人触达率。为了提高调解活动的效率，平台还与"微法庭"进行对接，针对难度较大的案件，邀请专业法官介入，进行调解指导。此外，还设置了市场化调解组织纠纷调解的"抢单模式"，并与支付宝、微信连通款项支付，探索市场化调解的可操作性实践，以满足用户多元化解纷需求。

三是创新智能人机交互，拓展诉源治理全产业链。平台以微信小程序为载体，从提升用户体验的角度，采用人机交互、自然语言处理等人工智能技术，聚合诸多便捷功能。除扫描身份证自动回填身份信息、语音输入登记纠纷详情等功能外，还提供全天候智能化法律咨询与心理服务，为用户答疑解惑。例如，平台引入了心理咨询机器人，聚焦快节奏、高压力时代下公众心理失衡和负面情绪问题，提供 7×24 小时全天候心理援助服务；同时还提供智能法律咨询，用户可直接输入相关问题，通过人工智能实时解答法律问题，解除当事人内心疑虑，为调解打下良好基础。

四是落实矛盾批量解决，发挥诉源治理现实意义。平台设置直接面向社会公众的解纷"二维码"，通过开放的申请端，让公众遇到矛盾纠纷时无须到法院立案，即可进入"一码解纠纷（诉讼）"平台进行在线调解。同时，借助司法信用画像功能，自动收集和分析纠纷当事人的解纷习惯、参与调解情况以及调解协议履行情况等关键信息，生成信用画像，助力形成纠纷化解领域的守信重诺氛围，并通过个案示范带动批量纠纷的解决，实现"成功一个，解决一批"的目标。

比如衢州的"衢州 E 法通"。该应用在公共法律服务中心基础上，集合了公共法律服务的各类在线资源，促进公共法律服务均等化、普惠化、便捷化，实现法律咨询、法律援助、仲裁、公证、人民调解、行政复议申请、司法鉴定申请、立法协商、律师评价、法治宣传教育、学法考试、法律机构和文书查询等 13 类在线公共法律服务"一指通办"。市民可通过该应用提出各类法律疑问，也可以在线办理公证、仲裁、调解、司法鉴定、行政复议等法律事项，降低企业和群众寻求法律服务的成本。数据显示，试运行期间"衢州 E 法通"累计访问数 6 万余条，有近 2 万名用户注册，解答群众法律咨询 2793 条，办理在线仲裁 67 件，入驻法律服务机构 49 家。[①]

第六节　本章小结

　　本章采用马斯洛需求层次理论的五大需求作为划分框架，并选取了浙江省数字化改革中与城市公共服务相关的实践案例进行论述分析。通过这些案例，我们可以发现"数字市民"尽管是一个新生事物，但已经"润物细无声"地影响着城市数字生活。环境改善、便捷出行、"菜篮子"、住房保障等满足了市民的生理需求；食品安全、用药就医安全以及城市生活安全满足了市民的安全需求；市民社交需求可分为邻里社交、娱乐社交、旅游社交、运动社交以及文化社交五类；市民尊重需求从特殊群体入手，满足了老年人、婴幼儿、妇女儿童、残疾人等群体的服务需求；在满足市民自我需求上，重点关注市民的数字权利，包括多元教育、公众参与以及法治服务等，这都是市民在这一层次所需要的。

　　本章的实践案例充分展示了数字化改革对城市公共服务的积极影响，同时也凸显了"数字市民"在城市公共服务的重要角色。通过满足市民不同层次的需求，"数字市民"建设为城市市民创造了更加便利、舒适的生活环境，提升了城市市民的生活品质，在实现可持续发展的目标方面迈出了重要的一步。

---

① 衢州发布微信公众平台.衢州已有 2 万人在用！亲，你的法律顾问上线了.（2021-05-26）［2022-12-31］.https://mp.weixin.qq.com/s/TBSaSuN0iWUsBJ_IXYZapA.

第6章

"数字市民"的智惠发展之路

    "数字市民"要实现进一步的发展和完善，除了在应用层面持续创新，以提供便捷、普惠、均等的公共服务，还需要在政策保障、产业升级、素养提升等方面持续发力，以确保"数字市民"拥有一个完整的发展体系。目前，"数字市民"相关的数字应用层出不穷且创新不断，"用"方面已得到体现，但整体上仍有较多问题需要关注并加以解决。政府方面，相关政策相对零散，多以数字政府和数字社会建设为主，并未单独聚焦"数字市民"领域，以推动"数字市民"一体化系统建设；市场产业方面，"数字市民"覆盖面广、应用众多、建设任务重、技术难点多，社会企业作为市场经济的重要主体，以何种方式参与建设仍需探讨；数字素养方面，无论"数字市民"是市民公共服务应用的数字化集成还是对市民的数字化"映射"，都需要从"数字素养"的培育和提升上进行突破。要打造完整的"数字市民"体系，需要应用创新、制度创新、理论创新、技术创新、科学传播和教育提升相融合，从而实现公共服务价值最大化。

第一节　政策保障，建设全龄友好包容社会

一、构建公共服务政策体系

2002 年，公共服务作为政府四大职能之一，被写入政府工作报告，"加强公共服务设施建设，不断改善人民生活"成为政府主要工作之一。随后，建设服务型政府、逐步推进基本公共服务均等化等在政府工作报告和其他综合性、基础性、指导性文件中被相继提出，政府履行公共服务的职责得以体现。同时，基本公共服务的概念、范围以及基本公共服务体系建设的指导思想、基本要求、主要目标等也得到了进一步的明确，为基本公共服务的均衡式发展提供了有力支持。政府作为基本公共服务的主体和主导者的地位由此确立。

公共服务数字化作为城市数字治理有机组成部分，在医疗健康、人力资源、社会保险、社会救助、教育、公安等社会事务管理方面发挥着重要作用，并且加强了城市管理的数字化积累，为政府提高管理社会、服务社会的能力和效率提供了有效支撑。在实现"数字市民"的一体化发展过程中，首先应由政府发挥主导作用，创新环境，推动创新平台的搭建，并出台相关政策以保证产、学、研合作围绕"数字市民"公共服务体系展开，进一步促进"数字市民"体系化建设的深入推进。其中，"数字市民"中的"数字身份"已经得到一系列政策文件的支持和规范。例如，国务院《"十四五"

数字经济发展规划》要求数字身份统一认证和电子证照、电子签章、电子公文等互信互认；[①] 上海市在《上海市全面推进城市数字化转型"十四五"规划》中提出要"丰富城市公共应用工具供给"，其中除了对"随申码"作出要求，还明确"建立城市数字身份认证服务体系，为数字空间提供主体、数据、行为的安全可靠保障"。[②] 再比如海南省提出了"健全普惠便民服务体系"的措施，完善"个人码"体系，建立个人数字空间；针对外籍人员，构建"海易办"平台国际身份认证体系，稳妥探索境外"数字居民"身份申报。[③]

二、发挥公共服务政策引导作用

公共政策作为政府管理社会公共事务和社会治理的指导准则，对于"数字市民"建设的引导和规范起着重要作用。正确的公共政策和有效的执行可以推动社会运行和经济发展。因此，需要在政策制定和制度建设上对"数字市民"建设加以引导和进一步规范，这包括对"数字市民"建设过程中可能遇到的难题提供解决思路，并协调公共利益，确保"数字市民"建设的顺利进行。

一方面，政策导向应注重解决相关问题的多样性、复杂性和关联性，以整体协调的方式推动"数字市民"建设。从具体实践来看，为了建设"数

---

① 国务院.关于印发"十四五"数字经济发展规划的通知：国发〔2021〕29号.（2022-01-12）〔2022-10-10〕.http://www.gov.cn/zhengce/content/2022-01/12/content_5667817.htm.

② 上海市人民政府办公厅.上海市全面推进城市数字化转型"十四五"规划：沪府办发〔2021〕29号.（2021-11-03）〔2022-10-10〕.https://stcsm.sh.gov.cn/zwgk/ghjh/20211105/2e11709d050f48b1b4644ea8c81bcad9.html.

③ 海南省人民政府办公厅.关于印发海南省政府数字化转型总体方案（2022—2025）的通知：琼府办〔2022〕33号.（2022-07-25）〔2023-05-22〕.https://www.hainan.gov.cn/hainan/szfbgtwj/202207/bb8d7f404cc54e399b26763f1eacbc29.shtml.

字市民",需要扩大数字基础设施覆盖范围,提高互联网接入质量和传输能力,使智慧化的公共服务不仅仅局限于数字技术的发展和使用,而是确保不同群体在同一时间和空间内都能获得相同的数字资源和公共服务,并能顺利办理相关事务。同时,通过运用大数据、云计算、区块链、物联网、人工智能等新型数字技术,"数字市民"又反向深度融合交通基础设施、医疗基础设施、教育基础设施以及其他公共服务基础设施建设,加快智能化转型,实现社会公共服务的多维整合和多重叠加。因此,需要加强多领域的政策导向,促进业务协同和主体协调,确保"数字市民"建设的整体稳定。

另一方面,政府应该发挥主导作用,推动"数字市民"公共服务体系建设并制定相关规则,政策制定应围绕公共服务展开,以推动城市数字化为目标。在制定"数字市民"相关政策时,应坚持"以人为本"的基本原则,以需求为导向、以应用为重点,实现政府部门、政企间以及政民间的协同合作,助力数字治理。整体而言,"数字市民"公共服务体系应向上对接一体化智能化公共数据平台,并采集、清洗、归类、提供各类数据;同时,服务体系还应向下与多个端口(卡、码、生物识别等)、多个服务平台、多个应用场景(医疗健康、交通、教育、公安、旅游等)对接。通过政策引导,构建准确、一致、共享的市民基础数据库,规范相关流程,明确各职能部门工作任务,并与政府职能部门的后台业务系统相连接,对市民进行动态管理,提供完善的服务。

此外,还需要关注政策制度对于"数字市民"服务中"市民"概念的明确界定。随着我国城镇化进程的加快,城市流动人口和农业转移人口逐渐成为城市公共服务需求的重要主体,应重视城市流动人口和农业转移人口的城市公共服务需求。然而，由于公共资源的有限性，实现同城同待遇并不容易，本地户籍居民、外地常住居民、流动人口等所能享受到的公共服务具有差异性，可能会产生一定程度的“数字歧视”，这可能对现有的“一卡通”“一码通”等的服务范围产生影响。因此，需要通过梳理市民权利和义务的差异，研究确定推进基本公共服务均等化的进程，逐步消除“数字歧视”。

数据安全问题也是政策制定中需要重点关注的问题。作为“数字市民”建设的重要支撑，数据安全要求既要防止个人数据的泄露，也要防止公权力在使用市民个人数据时进行非法利用，损害市民利益、限制市民权利，或者随意设定市民义务（如某地“一刀切”把全体户籍居民的健康码设置为“黄码”）。因此，需要通过法律限定使用此类公权力的场景和程序，包括必须经过公示并告知所涉及的市民。

总体而言，“数字市民”的建设不仅需要技术层面的研究，还需要深化对政策制度层面的研究。在“数字市民”的建设过程中，政策制度的明确性和透明性将发挥关键作用，以确保公众对政府数据使用和公共服务提供的信任和参与。同时，需要不断加强政策监管和评估机制，确保政策的落地和执行符合法律法规，并对政策的实施效果进行评估，及时调整和完善政策措施，以推动“数字市民”建设的可持续发展。

第二节 产业升级，打造全域公共服务生态

一、推进产业数字化和数字产业化

"数字市民"是城市公共服务数字化转型的过程和目标，也是互联网行业和数字科技产业创新升级的重要突破点。当前，社会经济正经历深刻的数字化变革，在建设数字社会的同时，数字经济的力量同样彰显。数字化已经渗透到产业链的各个方面和各个环节，从产品研发设计、生产制造到营销管理、服务支撑等领域，推动了社会经济从主要依靠人力和资本等生产要素投入向全要素生产率驱动的转变。建设"数字市民"有助于全面推进数字产业化、产业数字化和城市数字化的融合。推动"数字市民"全面发展的一个重要途径是通过产业化，形成产业集群，打造完整产业链，开辟数字社会和数字经济的新领域，实现经济的全面发展和社会的持续进步。

2021 年，国家统计局发布《数字经济及其核心产业统计分类（2021）》，明确数字经济产业可分为数字产品制造业、数字产品服务业、数字技术应用业、数字要素驱动业、数字化效率提升业等五大类。[①] 如果按照产业数字化和数字产业化进行划分，数字产品制造业、数字产品服务业、数字技术应用业、数字要素驱动业就是数字产业化，被视为数字经济的核心产业，是数字经济发展的基础；而数字化效率提升也就是产业数字化，是数字技术与实体经济的融合。2022 年，国家发展改革委等部门联合印发《"十四五"

---

① 国家统计局. 数字经济及其核心产业统计分类（2021）（国家统计局令第 33 号）.（2021-06-03）［2022-11-20］.http://www.stats.gov.cn/xxgk/tjbz/gjtjbz/202106/t20210603_1818135.html.

公共服务规划》，强调在持续推进基本公共服务均等化的同时，多元扩大普惠性非基本公共服务供给，推动重点领域非基本公共服务扩容和非基本公共服务普惠化发展。这意味着数字化服务和产业化发展的融合将为社会经济的持续增长和提升公共服务质量发挥重要作用。

2022 年，《"十四五"数字经济发展规划》（以下简称《规划》）提出大力推进产业数字化转型，加快推动数字产业化。在推进产业数字化方面，《规划》要求要加快企业数字化转型升级、全面深化重点产业数字化转型、推动产业园区和产业集群数字化转型以及培育转型支撑服务生态，立足不同产业特点和差异化需求，引导企业强化数字化思维，推动构建创新协同、错位互补、供需联动的区域数字化发展生态，提升产业链供应链协同配套能力。其中，《规划》在全面深化重点产业数字化转型方面提出重点行业数字化转型提升工程，在培育转型支撑服务生态方面提出数字化转型支撑服务生态培育工程，进一步引导和加快重点行业、企业转型升级。

在数字产业化方面，《规划》要求增强关键技术创新能力、提升核心产业竞争力、加快培育新业态新模式和营造繁荣有序的产业创新生态，推动行业企业、平台企业和数字技术服务企业跨界创新，深化共享经济在生活服务领域的应用，拓展创新、生产、供应链等资源共享新空间，推动线上线下相结合的创新协同、产能共享、供应链互通。《规划》在增强关键技术创新能力方面提出数字技术创新突破工程，在加快培育新业态新模式方面提出数字经济新业态培育工程，从而持续壮大数字经济，以产业化支撑公共服务方式创新。

物联网、大数据、云计算、区块链、人工智能等技术的发展推动了公共服务新业态的不断涌现和公共服务供给方式的不断创新。这些技术的应用丰富了公共服务模式，同时也使数字化的公共服务与经济社会实现了高度联通。作为经济社会发展的主要推动力、数字化公共服务应用的创新主体之一，以及城市公共服务的重要支撑，市场组织在公共服务效率方面具有政府无法替代的优势，它承担着产业数字化、数字产业化以及公共服务创新升级的主要任务。其中，应用的开发以及相关技术难题的解决也主要由企业等市场主体承担。由于"数字市民"覆盖人群范围广、服务人群数量大、涉及领域多，数字政府、数字经济、数字社会、数字文化、数字法治等领域均有涉及，建设任务重，有必要以打造数字社会应用场景和培育数字经济产业为主导，通过数字产业化和产业数字化的途径，运用云计算、大数据、区块链、人工智能、物联网、5G 等技术，打造智慧园区和产业集群，实现产业生态系统化、基础设施网络化、功能服务精准化和运营发展智能化。这样可以发挥"数字市民"建设的规模效益，助力公共服务的高效率供给和社会经济的高质量发展。

二、打造公共服务创新型产业基地

打造全域的公共服务生态系统是建设"数字市民"的必要条件。在这个基础上，建设相关的公共服务创新产业基地，并形成公共服务产业集群和完整的产业链，可以有效推动公共服务生态的运转，满足市民多样化、高品质需求。

"数字市民"创新基地以数字科技为特色，旨在创新社会公共服务供给、促进科技创新和经济发展。它的建设有助于完善社会创新链的结构布局，加强不同创新主体之间的协同创新，促进科技资源的开放共享。在社会功能方面，"数字市民"创新基地以打造数字社会应用场景、培育和发展数字经济产业为主导，综合运用新型数字技术，致力于服务生态系统化、基础设施网络化、功能服务精准化和运营发展智能化，最终实现社会公共服务高质量、高效率供给。因此，建设"数字市民"创新基地应明确其定位，并按照其功能定位进行管理，控制其边界和职能范围，避免与其他创新基地重叠度过高。此外，由于"数字市民"创新基地集合了政府、企业、高校以及其他社会组织等多方力量，各方在其中发挥着不可替代的作用。政府应对基地内的相关组织进行规划和协调，建立共建共创共享的机制，将相关组织纳入统一序列，协调多方主体关系，实现多功能的合并管理和优势互补。同时，可以通过产学研合作的方式，进一步推动技术创新与相关标准制定，开展技术术语、参考框架、算法模型、技术平台的标准研制，鼓励不同主体参与标准的宣传、试验验证与应用[1]，并通过产权合作、项目合作、资源共享、人才流动等方式，加强创新链各环节的资源集成和协同创新，从而促进成果转化，进一步推进社会经济发展。

在内部机制方面，"数字市民"创新基地通过设立专业的管理部门，以规范化、实体化和制度化的方式进行管理，保障其运行更加高效顺畅。完善内部服务机制也有助于增强创新基地的内在发展动力，为社会发展提供更多优质的服务。同时，要充分发挥各方主体的作用，确保创新基地能顺利开展平台建设、资源共享、交流培训、金融服务、竞争情报、科技信息、技术推广、组织孵化服务等生产经营活动。此外，管理部门应建立统一的信息采集和统计渠道，使相关主体能及时掌握服务需求变化，调整生产经营方向，避免因信息误差而造成资源浪费。对于从事技术转移的创新主体，

---

① 向玉琼，谢新水.数字孪生城市治理：变革、困境与对策.电子政务，2021（10）：69-80.

可以通过市场机制落实科研院所股权和分红激励、科技成果处置收益等配套政策，加强对公共科技成果应用和扩散的激励，突出对企业创新的带动能力。① 同时，对于"数字市民"创新基地的管理需要注重服务、合作与共享，建立完善的准入机制和考核评价体系，建立奖惩机制，引导创新基地内的创新主体进行合作，提高公共科技资源的利用效率及服务质量。

只有在多方合作的共同努力下，"数字市民"创新基地的发展才能突破传统不利因素的限制，实现科技创新与产业升级的协同发展，推动实现社会公共服务的数字化和智能化转型，促进数字社会的公共服务体系建设完善。

第三节 素养提升，促进全民共享发展成果

一、提升全民数字素养与技能

提升全民数字素养与技能的意义重大，对于促进人的全面发展和推动全民共享数字红利具有重要作用。这一举措还有利于提升人力资本水平，为个人提供更多的就业机会和发展空间，同时也为国家打造数字经济的新优势提供有力支撑。此外，全民数字素养与技能的提升还有助于弥合数字鸿沟，确保每个人都能平等参与数字化社会，并不断增强人民群众的获得感、幸福感和安全感。通过提升数字素养与技能，我们可以共同构建一个更加包容和繁荣的数字社会。

在新时代国家信息化发展新战略的大背景下，提升群众的数字素养和

---

① 段小华，苏楠．完善各类创新基地的结构、功能与管理．科技日报．2014.

技能成为建设"数字中国"的必然要求。我国高度重视全民数字素养与技能的提升。2021 年 3 月，《中华人民共和国国民经济和社会发展第十四个五年规划和 2035 年远景目标纲要》强调要"加强全民数字技能教育与培训，普及提升公民数字素养"。2021 年 4 月，人社部相关司局研究制定了《提升全民数字技能工作方案》，方案从完善提升全民数字技能政策措施、加强技工院校数字技能类人才培养、加强数字技能职业技能培训、推进数字技能类人才评价工作、积极开展数字技能类职业技能竞赛、提升数字技能人才培养基础能力建设六个方面提出了具体举措。2021 年 10 月，中央网络安全和信息化委员会印发《提升全民数字素养与技能行动纲要》，行动纲要对提升全民数字素养与技能作出安排部署。2022 年 10 月，中共中央办公厅、国务院办公厅印发《关于加强新时代高技能人才队伍建设的意见》，其中，围绕建设网络强国、数字中国，实施提升全民数字素养与技能行动，意见明确要建立一批数字技能人才培养试验区，打造一批数字素养与技能提升培训基地，举办全民数字素养与技能提升活动，实施数字教育培训资源开放共享行动。①2023 年 2 月，教育部发布《教师数字素养》行业标准，明确了教师数字素养的内涵，即教师适当利用数字技术获取、加工、使用、管理和评价数字信息和资源，发现、分析和解决教育教学问题，优化、创新和变革教育教学活动而具有的意识、能力和责任。此外，标准从数字化意识、数字技术知识与技能、数字化应用、数字社会责任、专业发展五个维度，对未来教师应具备的数字素养进行了描述。

---

① 中华人民共和国中央人民政府.中共中央办公厅 国务院办公厅印发《关于加强新时代高技能人才队伍建设的意见》.（2022-10-20）［2022-11-25］.http://www.gov.cn/gongbao/content/2022/content_5719981.htm.

近年来，我国提升全民数字素养和技能取得了显著的成就。数据显示，截至 2022 年 12 月，我国网民规模为 10.67 亿，较 2021 年 12 月新增网民 3549 万，互联网普及率达 75.6%，较 2021 年 12 月提升 2.6 个百分点。[①] 在未成年人互联网使用方面，2021 年，未成年人的整体互联网普及率进一步提升，达 96.8%，此外，有 88.9%、62.3%、47.6%、5.4% 的未成年人进行线上学习、玩游戏、看短视频以及参与网上粉丝应援行为。[②] 在老年人适老化及无障碍改造方面，根据互联网应用适老化及无障碍改造专项行动"回头看"抽查结果，数据显示，"回头看"期间，累计抽查 166 家前期完成改造并通过评测的网站和手机 App，覆盖政务服务、新闻资讯、交通出行、金融服务、社交通信、生活购物、搜索引擎等老年人、残疾人服务高频应用场景。结果显示，网站和手机 App "复检"合格率分别达到 98%、87%，[③] 适老化改造对提升老年人数字技能具有积极推动作用。数字素养和技能的提升还表现在就业领域，数字时代新的就业形态不断涌现，灵活的工作模式为特定群体提供了广阔的发展机会。在残疾人就业方面，根据中国残联实名制数据统计，当前通过网络实现就业的残疾人主要集中在信息技术和软件服务、电商服务等行业，每年实现就业约 6.8 万人次，在各电

---

① 中国互联网络信息中心. 第 51 次《中国互联网络发展状况统计报告》.（2023-03-02）［2023-05-27］.https://www.cnnic.net.cn/n4/2023/0303/c88-10757.html.

② 共青团中央维护青少年权益部、中国互联网络信息中心. 2021 年全国未成年人互联网使用情况研究报告.（2023-12-01）［2022-05-27］.https://www.cnnic.net.cn/n4/2022/1201/c116-10690.html.

③ 中国信息通信研究院. 信息无障碍动态（2023 年第 4 期）.（2023-05-06）［2023-05-27］.http://www.caict.ac.cn/kxyj/qwfb/qwsj/202305/P020230506455853176469.pdf.

商平台实现网络创业的残疾人已超过 20 万人。[①]在妇女就业方面，女性在数字经济的就业、创业人数已经超过 5700 万，如电商平台上约有 2358 万女性淘宝店主，淘宝直播和抖音上约有 1244 万女性主播，饿了么与美团平台上约有 18 万女骑手，滴滴出行平台上约有 136 万女司机，微信生态上约有 1749 万女性社群经济参与者，等等。[②]

帮助不同群体提升数字素养和技能，是实现"数字市民"目标的关键环节。为了使"数字市民"在网络空间和现实物理空间里能够实现权、责、利的统一，每个个体都应具备数字技术的有效使用能力和公民参与意识，同时遵守相应的法律规范与道德要求。通过培养数字素养和提升数字技能，不同群体和个体可以与"数字市民"实现有机融合，充分融入数字化社会。

"数字市民"应聚焦市民个人全生命周期，围绕人的生、老、病、死各阶段的不同需求，从教育培养方面建立不同职业群体数字技能培训资源体系和课程体系，提供数字生活、数字学习、数字工作等机会，提升各类市民理解、利用和创新数字资源的能力。同时，还应当强化场景驱动和应用牵引，打造人群、地域、时间全覆盖的数字应用场景，营造良好的数字生活、数字学习、数字工作以及数字创新氛围，丰富数字产品和数字服务供给。在这一过程中，政府应积极发挥主导和引导作用，加强系统谋划和总体布局，推动学校、企事业单位、社会组织等参与到数字素养的培育提升工作之中，共同营造良好的数字素养培育生态。

---

① 光明网.中国残联副主席程凯：凝聚数字公益慈善力量，共同促进残疾人互联网就业创业.（2022-08-31）［2023-05-27］.https://gongyi.gmw.cn/2022-08/31/content_35992543.htm.
② 阿里研究院、中国就业形态研究中心课题组.数字经济与中国妇女就业创业研究报告.（2022-03-07）［2023-05-27］.http://www.aliresearch.com/ch/information/informationdetails?articleCode=309229232767242240&type=%E6%96%B0%E9%97%BB.

二、建设全民终身学习的学习型社会

新冠疫情期间，线上教育成为主流趋势。据统计，截至 2022 年 12 月，国家中小学智慧教育平台汇聚资源总量达 4.4 万条，其中课程教学资源 2.59 万节，日均访问量达 6432 万次，涵盖德智体美劳等各方面育人资源；国家职业教育智慧教育平台提供在线课程 3.2 万门，上线专业教学资源库 1317 个，覆盖近 600 个职业教育专业；慕课上线数量超过 6.54 万门，注册用户 4.24 亿，学习人数达 10.88 亿人次，在校生获得慕课学分认定 3.66 亿人次。[①] 这些数据清晰地展示了线上教育的广泛应用和巨大影响，线上教育的普及和热度推动了教育方式的创新和教育资源的共享。

党的二十大报告提出了建设全民终身学习的学习型社会和学习型大国的重要目标。根据教育部数据，2022 年全国共有各级各类学校 51.85 万所，学历教育在校生 2.93 亿人。[②] 学校教育作为主流形式，承担着培养人才和提高人民素质的重要使命。然而，随着社会的不断变化和发展，单纯依靠学校教育已经不能满足人们不断学习的需求。因此，为适应社会变革和个人发展的需要，建设全民终身学习的学习型社会需要协同家庭教育、社区教育、职业培训等多个领域的教育资源和服务，不仅仅局限于学校教育。家庭教育在培养人才和塑造个人素质方面起着至关重要的作用，一个拥有向上向善的家庭文化和优良家风的家庭，能够提供积极健康的成长环境和价值观引导；社区教育是学习型社会中的重要组成部分，能够满足居民的兴趣爱好和实际需求，提供多样化的学习机会和资源；职业培训是终身学

---

① 中国教育科学研究院 . 中国智慧教育发展报告（2022）. 北京：教育科学出版社，2023.

② 教育部官网 . 中华人民共和国教育部新闻发布会：介绍 2022 年全国教育事业发展基本情况 .（2023－03－23）［2023－03－26］.http://www.moe.gov.cn/fbh/live/2023/55167/.

习中不可或缺的一环，通过职业培训，职场人员可以获取新知识、掌握新技能，增强自己在职场中的竞争力和适应能力。在建设全民终身学习的学习型社会的过程中，"数字市民"建设需要更加注重不同个体的学习需求，提供个性化、多样化的教育资源和服务，为每个人提供更好的学习机会和环境，推动个体的全面发展和社会进步。

从终身学习服务需求即民众角度来看，知识有一定的"保质期"，尤其是在知识快速更迭的互联网时代，不断更新自身的知识储备、提升自身的数字素养和技能是保持与时代同步的关键。例如，对于数字原住民而言，如果不时刻关注互联网发展动向，就会对网络上的新信息一头雾水，跟不上同一兴趣爱好群体的想法思路；对于数字移民以及数字难民而言，他们也在尝试通过学习来使自己不被这个世界所淘汰。随着数字技术的发展，越来越多的业务、岗位逐渐被先进技术取代，2022年新修订的《中华人民共和国职业分类大典（2022年版）》中首次增加"数字职业"标识，共标识数字职业97个，这一举措可以反映出各行业数字化进程及数字经济未来发展趋势，民众更加需要居安思危，通过提升自己的学习能力，更新自己的知识储备，才能保证自己能够跟上时代，减轻生存压力。

从终身学习服务供给角度来看，终身学习服务体系囊括了学校教育、继续教育、社区教育、老年教育等多个领域，还包含了政府、学校、行业与社会等多个供给主体，因此，借助数字技术实现终身学习的跨域协作和成员异质成为服务供给首先要解决的难题。在"数字市民"建设中，学习资源供给的丰富性是市民学习以及学习型社会建设的基础性条件，构建终身学习服务体系需要整合各级各类教育和学习资源，包括正规教育、非正规教育以及线上线下资源，丰富学习内容和学习形式，实现人人有内容可学。

此外，为保证人人有地方可学，还需要打通学习壁垒，开放学校、社区活动中心、各类文化场馆等相关场所，实现场地资源共享。为保证学习者有时间可学，需要优化学习场所的时间以及使用手续，并加强对有工作的学习者的培训和进修支持。终身学习强调全民可学，保证学习环境公平友好是建设"数字市民"最基本的要求，因此对困难群体（如老年人、残疾人等）的学习需要给予一定支持与帮助，比如学习设备、服务资源供给的适老化改造以及无障碍环境打造等，从而实现全民、全龄平等参与学习。

第四节　本章小结

　　本章从政策保障、产业升级、素养提升三个维度讨论了如何建设"数字市民"，最终实现城市公共服务的均等可持续发展。其一，公共服务作为政府四大职能之一，政府应把握"数字市民"相关政策的导向，通过政策制度引导和推动"数字市民"建设，同时政府还应联合企业、社会组织等多元力量协同推进城市公共服务发展，以建设一个全龄友好包容社会。其二，产业化是实现"数字市民"建设效益最大化并推动数字经济发展的重要途径，通过推动产业化，形成产业集群并打造完整产业链，可以开辟城市公共服务的新"蓝海"，进一步促进"数字市民"全面发展。其三，数字素养是构建"数字市民"的关键要素之一，在国家信息化发展新战略和背景下，提升全民数字素养与技能、建设全民终身学习的学习型社会至关重要，"数字市民"建设需要培养出具有数字思维、善用数字工具并能适应数字生活、数字学习、数字工作以及数字创新的新市民。